»Also, meine Mitbürger, fragt nicht,
was euer Land (Stadt) für euch tun kann –
fragt, was ihr für euer Land (Stadt) tun könnt.«

John F. Kennedy

*»Raum befindet sich zwischen den Dingen.
Ein Ding ist, was ein Außen hat.
Solange wir dieses Außen nicht stören, gibt es
auch ein Innen.
Sobald wir aber ein Ding öffnen, wird das
Innen zum Außen.
Dieser Prozess geht so lange, bis wir zum
Raum vorstoßen, den wir nicht als Innen,
sondern als Außen sehen.
Somit ist Außen ein Ding und deshalb Raum.«*

Thomas Hettich

Beschränkung

Die nebenstehenen Sätze haben nach meiner Auffassung ihre Gültigkeit auch in der euklidischen, der fraktalen, der riemannschen oder der Geometrie eines Minkowski, die jeweils eigene Räume und damit auch Zeiten abbilden können. Würde man den städtebaulichen Raum in diese Untersuchung mit einbeziehen, dann würde die Komplexität des untersuchten Gegenstandes noch weiter zunehmen. Eine Raumanalyse bleibt deshalb einer späteren Arbeit vorbehalten. In diesem kleinen Werk finden Sie etwas über zweidimensionale Formen von gewachsenen und geplanten Städten, ähnlich dem Abbild eines Apfels oder einer Birne. Die Unterscheidungsmerkmale sind im Ganzen gut zu erkennen. Sind die Früchte angebissen oder gehen sie in den Verwesungsprozess über, dann wird es jedoch schwieriger, einen Unterschied zu erkennen. Der Unterschied zwischen einem Apfelkern und einem Birnenkern bleibt meist einem Fachmann vorbehalten.

So ist es auch bei gewachsenen und bei geplanten Städten, bei Dörfern, die zu Städten wurden, und bei Städten, die immer Stadt waren. Dieser Unterschied ist fundamental, denn beim einen gilt die geistige Setzung des Ganzen und beim anderen gilt die Setzung des Teiles, das zu einem Ganzen wird.

Die Komplexität der Analyse wächst im Detail, die wir in der Form des Ganzen und des Teiles entdecken.

Immer dort, wo die Menschen etwas aus der Vergangenheit finden, welches sich aus dem Gewöhnlichen heraushebt, spricht man von Kunst. Manche Kunstrichtungen bestehen vielleicht nur eine Dekade, manch andere ein Jahrhundert, andere wieder ein paar Monate. Ein Bild, eine Statue, ein Gebäude, die Mona Lisa, der David, die Akropolis.

Villingen ist eine Stadt mit ähnlichen Qualitäten, da ihr Grundriss seit 1000 Jahren einmalig ist. Dieser Grundriss lebt durch seine Ursprungsidee mit der sich auch heute noch zeigenden Form und deren Stabilität bis vor rund 40 Jahren, als formale Überzeugungen abgelöst wurden durch bruchstückhafte Überlegungen, die seither in Villingen ihren verkürzten Raum fanden.

Villingen ist »noch« Stadtbaukunst und damit ein Erbe, welches man besser schützen sollte.

Ich hätte mich gern für den Schutz, aber auch für die Entwicklung dieser Stadt auch beruflich eingesetzt.

Thomas Hettich

Stadtkulturerbe Villingen

2. Auflage (1. Auflage Der christliche Kreuzraum; überarbeitet)

ISBN 978-3-8334-9808-4

Alle Rechte vorbehalten

Books on Demand GmbH – Norderstedt
Thomas Hettich – Villingen

Bibliografische Information der Deutschen Nationalbibliothek
Die Deutsche Nationalbibliothek verzeichnet diese Publikation in der Deutschen Nationalbibliografie; detaillierte bibliografische Daten sind im Internet über http://dnb.d-nb.de abrufbar.

DEM KLEINEN
UND DEM GROSSEN
IN DER STADT

»Deshalb kann man Menschen, die uns mit Eifer das Bild einer einzigen Landschaft oder die Anlage einer Stadt, die Größe eines Stromes oder die Schönheit eines Berges schildern..., die Korykische Grotte oder sonst etwas Einzelnes beschreiben, nur bedauern wegen der Beschränktheit ihres Geistes, der vor dem ersten Besten ins Staunen gerät und groß tut bei kleinem Anblick. Doch so geht es ihnen, weil sie das Höhere nicht sehen, ich meine den Kosmos und das Größte in ihm. Wäre ihr Sinn nämlich diesem gehörig zugewandt, würden sie nie etwas anderes bewundern, sondern alles Übrige erschiene ihnen klein und wertlos gegenüber seiner Herrlichkeit. So wollen wir von all diesem sprechen und, soweit dies möglich ist, auf Gottes Spuren Wesen, Lage und Bewegung alles dessen betrachten...«
Aristoteles

Thomas Hettich

Eine städtebauliche Analyse der Zähringerstadt

Die Beweiskraft der euklidischen und fraktalen Geometrie im Städtebau

Stadtkulturerbe

Villingen

Planstadt und Stadtbaukunst des Mittelalters

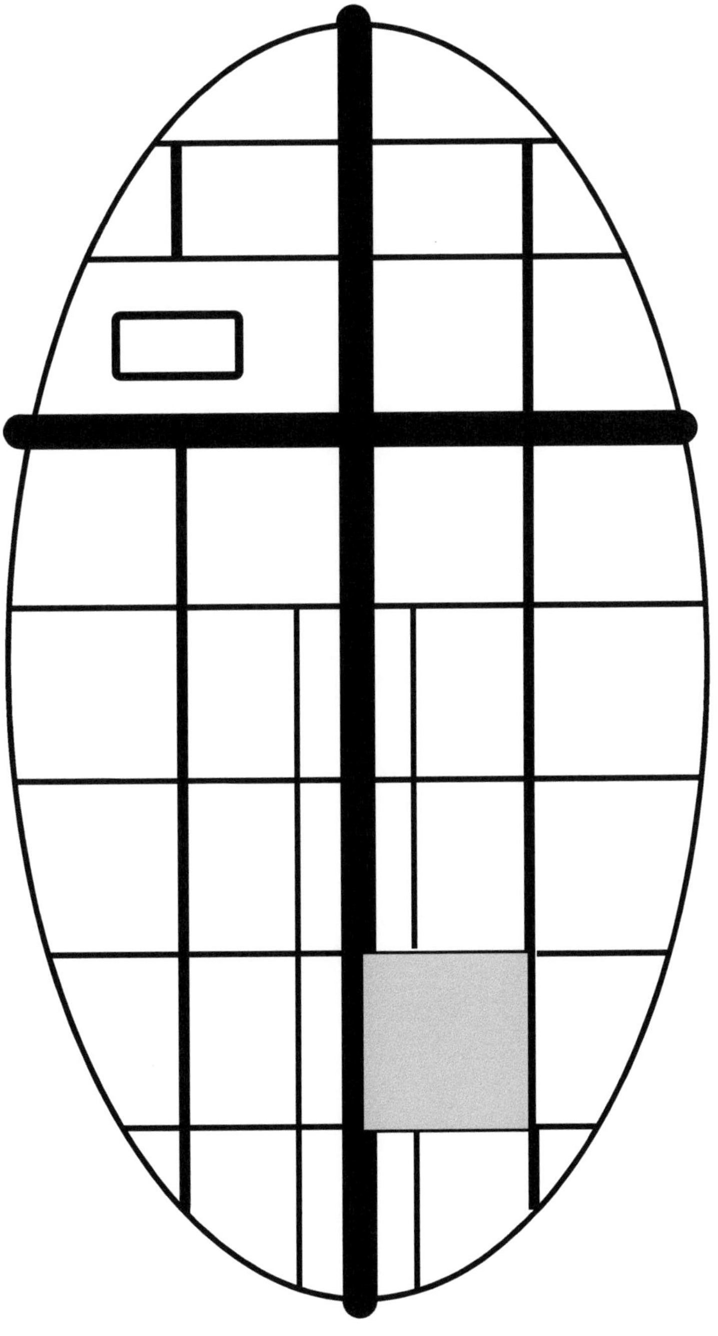

Historische Stadtbildauszüge von Herbert Schroff

Eine Idee wurde Realität

Die Beweiskraft der euklidischen und fraktalen Geometrie im Städtebau

Die Planstadt Villingen
Stadtbaukunst des Mittelalters

Grundriss Stand 2005

Vorderseite Buchumschlag Gumpp 1692
Vergleich der Formstabilität

Die Diskussion um die europäische Stadt hat in den letzten Jahren eine eigenartige Wendung genommen. Während sich die Experten bemühen, die ausufernden Gebilde zu begreifen, in die sich die städtebaulichen Kunstwerke mittelalterlichen Städtebaus inzwischen verwandelt haben, und einer "Ästhetik der Agglomerationen" auf der Spur sind - so der Titel eines Buches der Berliner Kunsttheoretikerin Susanne Hauser, entstehen in Dresden schlechte Kopien barocker Palais und klischeehafte Nachbildungen alter Bürgerhäuser, wird in Frankfurt eine öffentliche Debatte über die Rekonstruktion der historischen Fassaden zwischen Dom und Römer geführt und dient die gerade fertig gestellte Replik des Braunschweiger Schlosses als repräsentative Fassade einer Shopping Mall.

Diese nostalgischen Surrogate für einen authentischen Städtebau und eine zeitgemäße Architektur, wie sie sich aus der individuellen Tradition der jeweiligen Stadt herausarbeiten ließen, können nur durch eine sehr tiefe Unzufriedenheit der Stadtbewohner des 21. Jahrhunderts mit ihren Städten erklärt werden. Offenbar können die Menschen zur Stadt der Moderne, die ihren Ausgangspunkt in den kristallinen Visionen Bruno Tauts nahm und in der banalen Alltagsarchitektur der Gegenwart ein ziemlich unrühmliches Ende findet, keine emotionale Beziehung mehr aufbauen. Die moderne Stadt ist ihnen fremd geworden, sie können und sie wollen sich nicht mehr mit ihr identifizieren. Doch abgesehen von wenigen denkmalpflegerisch begleiteten Rekonstruktionen wie etwa der Dresdner Frauenkirche entsteht dabei leider kaum etwas, das den historischen Vorbildern angemessen wäre und sich mit Würde in die große Tradition der Städte einfügte.

So verstellen Verklärung wie Missachtung historischer städtebaulicher Kunstwerke gleichermaßen den Blick auf das Wesentliche. Wie soll - möchte man fragen - Identität möglich werden, wenn sich die kommenden Generationen nur noch zwischen allein oberflächlichen Ansprüchen genügenden Nachbildungen oder maßstabslosen Kisten ohne jede Verankerung im individuellen städtischen Kontext bewegen werden?

Hier setzt Thomas Hettich in seinem kleinen Werk über die Stadtbaukunst des Mittelalters an. Seine langjährige Beobachtung des Baugeschehens in Villingen und sorgfältiges Quellenstudium erlauben es ihm, den stadtbildprägenden Merkmalen der Zähringerstadt auf den Grund zu gehen und die unwiederbringlichen Verluste an historischem Kulturgut zu brandmarken. Anknüpfend an die Studien von Klaus Humpert analysiert er die eigenständige Geometrie des mittelalterlichen Stadtgrundrisses, die er als geniale Schöpfung charakterisiert und aus deren begeisternden Raumfolgen höchste Ansprüche an die Weiterentwicklung des Stadtgrundrisses, an die Einfügung neuer Architektur und die Gestaltung öffentlicher Räume abzuleiten sind. Dem Leser bleibt die Leidenschaft nicht verborgen, die den Autor nach rationalen Begründungen für die Bewahrung und Weiterentwicklung des städtebaulichen Erbes suchen lässt. Seine Antwort: Die hinter der geometrischen Figur stehende Formidee und die kleinteilige Parzellengliederung sind die entscheidenden Parameter für den Gestaltwert des historischen Stadtkerns. Und eben sie müssten bei jeder Veränderung den Orientierungsrahmen bilden. Und in der Tat zeigen die dargestellten Villinger Beispiele, dass der Stadt mancher Wertverlust erspart geblieben wäre, wenn diese Haltung bei der Entscheidung über Bau- und Umbauvorhaben eine angemessene Rolle gespielt hätte.

Es wäre eine große Chance für die Städte, würden sie ihre bauliche Weiterentwicklung an den großartigen Raumgeometrien und architektonischen Maßstäben historischer Städte messen und mit der Architektursprache unserer Zeit ausdrücken. Zugleich wird damit ein Erfolg versprechender Weg sichtbar, der aus dem oben skizzierten Dilemma im Umgang mit dem historischen Erbe herausführt und zu einer zukunftsoffenen Haltung der Bevölkerung im Umgang mit dem Kulturgut "Europäische Stadt" führt.

Stuttgart, im März 2007

Franz Pesch

Stadtbaukunst und Identifikation

Prof. Dr.-Ing. Franz Pesch ist Architekt und Stadtplaner und lehrt am Städtebauinstitut der Universität Stuttgart. Er hat den Lehrstuhl für Städtebau und Entwerfen inne und ist durch zahlreiche Publikationen und Wettbewerbserfolge weit über das Land Baden-Württemberg hinaus bekannt. Einen kleinen Ausschnitt über sein Schaffen, insbesondere auch über die historische Stadt, findet man in einer der zahlreichen Suchmaschinen des Internets, wenn man seinen Namen eingibt. Ich danke ihm für seine Unterstützung, auch für mich, aber insbesondere für Villingen und dessen städtebaulicher Bedeutung.

Villingen, im April 2007

Thomas Hettich

*»Ich beriet mich bei
mir selbst«*

Heraklit

Vorab

Meine erste Schrift zu Villingen hatte den Titel »Die Chance des Niederen Tor« (1). Im Spannungsfeld von neuer und alter Tonhalle und den sich darstellenden verschiedenen Vorstellungen auch im politischen Raum untersuchte ich die Gründe, warum es zu keiner Bebauung in der damaligen Zeit gekommen war. Der Planungsprozess zwischen Niederem Tor und alter und neuer Tonhalle war komplex. Auch heute noch besteht die Meinung, dass diese Planungsaufgabe zwar eher zu den kleinen, dafür aber zu den komplexesten Aufgaben in Baden-Württemberg gehörte.

Der Planungsprozess dauerte rund 50 Jahre für die Tonhalle und rund 30 Jahre für die Lösung des Niederen-Tor-Problems. Hierbei waren die in ihrer Zeit bedeutendsten Architekten und Stadtplaner tätig. Städtebauliche Sanierungsmaßnahmen wurden durchgeführt mit entsprechendem Ergebnis, welches man im südlichen Bereich des Gerberviertels als Realität ablesen und studieren kann. Die realisierte Bebauung wurde jedoch entgegen den Meinungen der o. g. Sachverständigen ausgeführt, aber auch des bestehenden Bebauungsplanes und der Konzeption, in denen sich die wirtschaftlich geprägten Baueinheiten situieren sollten. Ich wollte das o. g. Werk damals veröffentlichen, was man mir aber untersagte. Die Zeit hat sich weiterentwickelt und meine Erkenntnisse über Villingen haben sich erweitert.

Wenn man den Ort kennt, so kennt man ein Teil der Welt, und wenn man eine Stadt kennt, kennt man vermutlich alle Städte. Meine zweite Schrift zu Villingen hatte den Titel »Der christliche Kreuzraum«. Sie wurde lokal in den hiesigen Buchhandlungen als CD vertrieben. Die darin noch fehlenden Teile habe ich in die vorliegende Fassung eingearbeitet. Jene Käufer der ersten Fassung werden es mir nachsehen, Teile dieser Schrift zu kennen. Dieses vorliegende Buch gliedert sich in sechs Teile und ist auf das Notwendigste komprimiert, um einen auch für Studenten günstigen Buchpreis sicherzustellen. Dies betrifft auch die einfarbige Gestaltung des Inhalts. Es ist kein Bilderbuch, sondern eher ein »Denkmalbuch« im Wortsinne.

Visionen und Ideale gab es zu allen Zeiten. In manchen Zeitaltern waren sie mehr oder weniger ausgeprägt. Heute entscheidet jeder für sich, was er zum Ideal erhebt. In erster Linie sind es die materiellen Dinge, die stilisiert und überhöht ein Ideal bergen und für deren Erhaltung die Vision steht. Dies ist der Fall beim Kauf eines Einfamilienhauses oder eines Autos. So wie es für den Einzelnen Ideale und Visionen gibt, so gibt es sie auch in Institutionen. Die Bundesrepublik hat in den letzten zwei Jahrzehnten zwei Bundestagsgebäude umbauen bzw. bauen lassen. Gerade in solchen Repräsentationsgebäuden ist immer eine Vision, ein der Zeit entsprechender Stil des Architekten oder des Bauherrn zu erkennen. Im Bundestagsgebäude in Bonn war es die Vision, dass die Demokratie eine offene und transparente Staatsform sein sollte. Dies wurde versucht durch die Verwendung von Glas für die Außen- und Innenwand. Die Wände wurden damit sinnbildlich aufgelöst; und die bauliche Vision einer transparenten und offenen Demokratie sollte Beispiel sein für die darin Tätigen.

Reichstagsgebäude

Für das Reichstagsgebäude **(B1)** in Berlin wurde ein internationaler Wettbewerb ausgelobt. Nach langem Tauziehen wurde entschieden, dass eine Kuppel nach historischem Vorbild gebaut werden soll. Wer in Berlin war, sieht, wie der Architekt diese Aufgabe gelöst hat. Durch die Forderung, eine Kuppel zu bauen und damit einen repräsentativen Charakter nach außen zu erhalten, hat er eine zusätzliche Funktion geschaffen, eine Aussichtsplattform, die über zwei wendelförmige Rampen erreicht und wieder verlassen wird. Man kann das Plenum von oben einsehen, gleichzeitig ist es für jeden Bundestagsabgeordneten jederzeit möglich, sein Haupt zu heben, um zu sehen, von wem die Staatsgewalt letztendlich ausgeht, nämlich vom Volk, welches immer und zu jeder Zeit über seinen Repräsentanten steht und Aussicht nach neuen Repräsentanten nimmt. Für mich ist diese Kuppel mit ihrer äußeren Wirkung und der inneren Ausformung, wie sie von den Abgeordneten des Bundestages gewollt war, um zu zeigen, wer im Staat letztendlich die Gewalt repräsentiert, ein eindrucksvolles Beispiel eines Ideals und einer Vision, die für jeden erlebbar sind und an die erinnert werden kann. Gerade die Dualität zwischen Außen und Innen, des Hohen und Niederen mit ihrer Gegenläufigkeit ist Ausdruck eines wesentlichen Kerns unserer Demokratie als gebautem Symbol. Gleichzeitig ist es ein Beispiel zwischen der Verbindung von Alt und Neu in der Architektur. Gebäude wie den Berliner Reichstag, in dem sich die Bevölkerung und deren Vertreter teilweise identifizieren, gibt es in jedem Land, in jeder Stadt oder in jedem Dorf. Die qualitativen Ausprägungen solcher Gebäude sind natürlich unterschiedlich. Sind es in Köln der Dom und in Stuttgart die Staatsgalerie oder der Landtag, so kann es in einem Dorf ein Bauernhof sein, wie in Gütenbach im Schwarzwald der landschaftsprägende Bühlhof. Ein stadtbildprägendes Gebäude war das »Hotel Blume-Post« in Villingen.

Blume-Post

Das Gebäude **(B2)** der »Blume-Post« ist der älteren Bevölkerung Villingens noch gut in Erinnerung. Im Bewusstsein der Bürger ist dieses Gebäude immer noch, denn es steht für den Ersatz des Alten und Neuen und dessen Vergleich hinsichtlich der Bauqualitäten, die zwischen einem Abbruch und des Wiederaufbaus gewählt werden. Der Ersatzbau des Hotels »Blume-Post« ist im Bild 3 zu sehen. Wesentlicher Aspekt der beiden Aufnahmen ist, dass der Komplex, wie er sich heute zeigt, als einzelnes Gebäude in Erscheinung tritt, wobei die ehemalige Teilung – nämlich das »Hofstättenmaß« – dieses Abschnittes auf drei Gebäuden beruhte, die nicht mehr zu erkennen ist. Die Ausformung des Ersatzgebäudes führt zu einer Uniformität, da die Fassade nunmehr drei Grundstücksbreiten zu gliedern hat, anstatt dass drei Grundstücke durch verschiedene Architekten überplant und durch sie überbaut werden. In der Gegenüberstellung **(B2 + B3)** ist der Unterschied zwischen einer Bebauung nach dem Villinger Hofstättenmaß und einer Bebauung, die dieses Maß nicht berücksichtigt, klar zu erkennen. Die imposante Erscheinung der Blume-Post in einem der letzten einheitlichen Baustile überdeckt letztendlich die Umwandlung zwischen den von der »Blume-Post« bestehenden Grundstücksgrößen **(B4)**, wie man sie heute noch in der Niederen und Bickenstraße **(B5)** ablesen kann,

1 Reichstag Berlin
Verbindung von Alt und Neu

2 Blume-Post Villingen
Parzellengröße

3 Ersatzgebäude Blume-Post
Gebäude-Parzellengröße

4 Parzellengröße geplant

5 Profitable Parzellen

6 Brunnenstraße
Induktive Erneuerung auf vorhandener
Parzellenstruktur

7 Hafnergasse
Modische Überzeichnung eines
Gebäudeelementes (Heuaufzug)

und dem großen Grundstücksformat, das letztlich zu dem Nachfolgegebäude der »Blume-Post« führte. In diesem Zusammenhang betrachte man den Straßenraum und die begleitenden Hauswände der Brunnenstraße **(B6)** mit der erst vor wenigen Jahren neu gestalteten Hafnergasse **(B7)**. Hat das Neue die gleiche Seele wie das Alte? Prägt das Neue den Stadtraum im selben Maße wie das über Jahrhunderte sich Entwickelnde? In jeder Stadt, in jedem Dorf, ob in einer ausufernden Metropole oder in einem kleinen Weiler im Schwarzwald, werden Gebäude abgebrochen und wieder aufgebaut. Dies ist der Lauf der Zeit und dies muss man auch so respektieren, denn man kann sich nicht gegen dieses Gesetz stellen. Die Frage ist nur: Besteht ein Unterschied, ob die »Blume-Post« abgebrochen wird oder »Teile der Ankergasse« und welche Diskrepanz ist beim Wiederaufbau der Grundstücke zum vorher Bestehenden zu erkennen.

Dieses Stadtbild ist immer dann mit dem Prozess des Abbrechens und Wiederaufbauens in Einklang gebracht worden, wenn die Grundstücksgrößen entsprechend ihrer Größe blieben und die Höhenentwicklung der neuen Gebäude sich an der alten Bausubstanz ausrichteten. Mit der Unzulänglichkeit der baulichen Ausformung mancher Gebäude müssen wir zwar leben, jedoch bestand für die Stadt keine wesentliche Einschränkung in ihrem Flair, wenn das Strukturgesetz der Stadt eingehalten wurde. Durch die Höhenentwicklung der Ersatzgebäude und der Überbauung mehrerer Grundstücke erhält ein Straßenraum jedoch einen gänzlich anderen Charakter. Die Zusammenfassung von Grundstücken führt zu Großobjekten, die den Maßstab der kleinteilig aufgebauten Stadtstruktur sprengen. Mehrere dieser Großobjekte musste Villingen aufnehmen. Dies führt langfristig zu einem anderen äußeren Erscheinungsbild.

Dieses Erscheinungsbild ist an den Gebäuden ablesbar und jedermann kann sich sein Urteil bilden. Am einprägsamsten ist dieser Prozess an der Färberstraße 3–9 abzulesen. Hier wird eine Wand durch aufgemalte Hausbreiten kaschiert. Oder sollen es Hausfassaden sein? Diese Entwicklung, die sich in Villingen zur Zeit darstellt, hängt nach meiner Überzeugung mit so genannten Forschungsergebnissen zusammen, die seit rund 30 Jahren der Fachliteratur zu entnehmen sind, dass Villingen nicht gegründet wurde und somit auch auf keinem Plan beruhe. Vielmehr seien es zwei Stadtanlagen gewesen, die sich zeitlich versetzt zu einer ergeben hätten. Die Komplexität und gleichzeitige Einfachheit der Villinger Stadtstruktur wächst nach meiner Überzeugung nicht zu dieser Form heran. Zeitliche Unterschiede oder Änderungen eines möglichen ursprünglichen Planes sind nur im Rahmen der Bauzeit der Gesamtanlage denkbar, die zeitlich eng begrenzt war. Villingen ist nicht eine von vielen mittelalterlichen gewachsenen Stadtstrukturen. Es repräsentiert die Stadtbaukunst des Mittelalters.

So wie die orthogonalen amerikanischen Stadtstrukturen von einer Stadt zur anderen weitergegeben wurden, so hat Villingen seine innere Struktur zahlreichen Gründungsstädten aus dem Jahre 1000 weitergegeben, denn nur Villingen besitzt die beiden wesentlichen gedachten Merkmale, die auch ein Teil der Zähringerstädte ausmachen, nämlich das Straßenkreuz und das Parallelstraßensystem. Villingen ist ein städtebaulicher Kristall, dessen Ecken und Rundungen schon schwer in Mitleidenschaft gezogen wurden, jedoch immer noch erkennbar sind. Eine Stadt aber, mit der man pfleglich umgehen sollte und in der jeder, der hier plant und baut, auch weiß, auf was er sich einlässt, denn jedes neue Bauwerk ist ein Eingriff in eine der bedeutendsten Stadtanlagen des Mittelalters. Den Unterschied zwischen einer gedachten und einer bislang postulierten gewachsenen Stadtentwicklung für Villingen, angeblich ohne innere Ordnung, dies will diese Arbeit, dieses Buch mit aufzeigen. Dabei ist dem »laienhaften« Leser vieles bekannt, er weiß es. Es wurde aber bisher noch nicht entsprechend formuliert, denn es führt zu einem geometrischen und damit naturwissenschaftlichen Beweis der Form. Die Diskussion zwischen Architektur, Städtebau, Denkmalpflege, Archäologie usw. hat nämlich grundlegend verschiedene Annahmen zur Entstehung Villingens. Diese Arbeit stellt einen geometrischen und damit mathematischen Beweis dar, dass Villingen in seinen wesentlichen Zügen geplant und gebaut wurde und damit eine Einmaligkeit darstellt. Andere Überlegungen halte ich für destruktiv, unbegründet und führen zu einer Allgemeingültigkeit dieser Stadtanlage, die sie aber tatsächlich nicht ist. Die merkwürdigste Ausgestaltung menschlicher Schaffenskraft zeigt sich in den Jahrhunderten und Jahrtausenden, in denen Baukulturdenkmale geschaffen wurden. Dabei sind Städte die Heimat dieser beeindruckenden Gebäude. Die Stadt selbst wird in dieser Arbeit zum Gegenstand, ob sie einem künstlerischen Ansatz, einem gedachten, einem geistigen Ansatz entspringt oder ob ein natürlicher Prozess für die Formentstehung der Stadt Villingen Pate steht bzw. stand.

> *Betrachte mit Verständnis das Abwesende als genauso*
> *zuverlässig anwesend (wie das Anwesende):*
> *denn nicht wird das Verständnis das Seiende vom*
> *Seienden abschneiden, von seinem Zusammenhang,*
> *wie es sich gehört, weder als ein sich überallhin gänz-*
> *lich Zerstreuendes noch als ein sich Zusammenballendes.*
>
> *Parmenides*

Einleitung

Meine Schrift »Die Chance des Niederen Tor« trägt den Untertitel »Eine städtebauliche Analyse an der Nahtstelle zwischen einer gedachten und einer gewachsenen Stadtstruktur«. (1)

Ich war damals überzeugt, dass die historische Stadt Villingen eine gedachte Stadtstruktur besitzt. Diese Stadt musste von jemandem entworfen und nach diesem Entwurf in den wesentlichen Zügen umgesetzt und gebaut worden sein. Durch meine Arbeit mit diesem Thema kamen mir erste Zweifel, denn nicht unwesentliche Zeitgenossen waren hier offensichtlich anderer Meinung bzw. es wurde so formuliert, dass man für Villingen eine gewachsene Struktur postulierte, ihr damit aber jegliche Einmaligkeit raubte. Zweifel bekam ich durch die Darstellungen von Jenisch, einem der archäologischen Kenner der Villinger Stadtgeschichte. Jenisch schreibt in seiner Dissertation über Villingen, dass »auf dem Hintergrund dieses durch archäologisch-historische Untersuchungen nachgewiesenen Siedlungsablaufs ist es im Grunde müßig, nach der Gründung Villingens zu fragen. Es wird vielmehr deutlich, dass dieser sich über mehrere Generationen erstreckende Prozess auf keinen einzelnen Gründer zurückzuführen ist,...« (2) Wenn es auf keinen Gründer zurückzuführen ist, wird damit auch gleichzeitig ausgeschlossen, dass Villingen auf einem Plan beruht bzw. nach einem Plan gebaut wurde.

In »Menschen, Mächte, Märkte« äußert sich Frau Monika Spicker-Beck sich berufend auf Meckseper: »Seine Auswertung der Grabungsergebnisse bestätigte die bis dahin noch ohne archäologische Grundlage in den Raum gestellte Vermutung einer Mehrphasigkeit der Stadtentwicklung. Auf der Basis des neuesten Forschungsstandes können wir die Frage nach dem exakten Gründungsdatum der Stadt heute gelassener angehen: sie erscheint geradezu obsolet. Nicht ein einmaliger Akt, ein richtiges Datum, nicht eine einzelne Person, ein Gründer ist zu ermitteln, sondern die Entstehung und Entwicklung der Stadt als ein Prozess von langer Dauer ist zu betrachten.« (3)

Jürgen Treffeisen aus Freiburg ist der Ansicht: »Der Grundriss einer mittelalterlichen Stadt entsprang nicht der Idee eines Stadtgründers.« Außerdem hält er das Straßenkreuz von Villingen für eine Legende, dahingehend, dass sich dieses Kreuz aufgrund eines Straßenmarktes entwickelt habe. (4) Herrmann Preiser stellt im Jahresheft 1977 des Geschichts- und Heimatvereins Villingen fest, dass der ehemalige Stadtarchivar als erster nachgewiesen hat, dass die Stadt Villingen nicht in einem Zuge, sondern in zwei Etappen erbaut worden ist, wobei die nördliche Hälfte der ältere Stadtteil ist. (5) Im Ortskernatlas des Landesdenkmalamtes wird angeführt. »Wie für Freiburg, so ist auch für Villingen, ungeachtet des überaus klaren Grundrisses, von einer längeren Ausbauzeit der Stadt auszugehen: entgegen der von Hamm vorgehobenen Schöpfung der Grundrissfigur des Zähringerkreuzes in Villingen, hat Meckseper auf Anzeichen verwiesen, die hier eine Entwicklung auf der Grundlage einer einfachen Marktstraße nahe legen.« (6) Meckseper schreibt: »Die hier vorgelegten Daten stehen mit unseren stadtbaugeschichtlichen Überlegungen nicht im Widerspruch. Denkbar wäre eine erste Gründung der Stadt 1119, die möglicherweise zunächst nur eine kleine, einen einfachen Straßenmarkt umschließende Siedlung war. Diese wäre unter Berthold dem Vierten zu einer größeren Stadt ausgebaut worden, die den von uns als das geostete Richtungssystem bezeichneten Bereich im nördlichen Teil der heutigen Stadt eingeschlossen hätte. Der zweite große Ausbau mit dem Wohn- und Wirtschaftsgassensystem könnte zu der Zeit entstehen, in der Villingen staufische Reichsstadt war, also gleich nach 1218.«

Und weiter: »Neben Lokalpatriotismus mag dabei die reizvolle Vorstellung ausschlaggebend gewesen sein, bereits den Beginn des Zähringer Städtewesens mit einem klar ausgeprägten Stadttyp eröffnen zu können.« (7)

Ein weiterer Anlass, meine Auffassung nochmals zu überdenken, war ein Schriftwechsel mit einem der profiliertesten und anerkanntesten Architekten und Preisrichter in Deutschland. In einem Antwortschreiben auf meine städtebauliche Untersuchung (1) schreibt er. »Die Stadt hat sich natürlich auch weiterentwickelt und hat ein Recht auf Veränderung.« Hatte die Stadt Villingen wirklich das Recht auf Veränderung und auf Weiterentwicklung, indem eine Gesamtanlage zerstört wurde?

Solche Sätze werden nicht nur im 20. Jahrhundert formuliert, sondern sie werden immer dann angewendet, wenn Veränderungen anstehen, wenn die berechtigten Interessen des Neuen auf das bewahrende Alte stoßen. Versetzen wir uns in das Jahr 1800, in dem Jahre, in dem die Stadt Villingen noch als vollkommenes Gebilde bestand: Das Niedere Tor, die den Türmen vorgelagerten Erker, die Wallanlage, das Bachsystem, die Kornspeicher etc. – dies alles wäre noch vorhanden. Hatte die Stadt Villingen wirklich das Recht, eine solche »Weiterentwicklung« voranzutreiben und auf diese markanten Gebäude und städtebaulichen Elemente zu verzichten? Solche »Entwicklungen« sind übrigens auch heute abzulesen.

Ist es wirklich müßig, sich nach der Gründung Villingens zu fragen, oder obsolet, nach einem einmaligen Akt, nach einem Gründer, der diese Stadt ins Leben rief, zu suchen? Woher kam dieser Stadtgrundriss? Aus dem Nichts? Entwickelte sich diese Stadt aus einem Straßenmarkt, wenn die »Alte Stadt« einen Kilometer entfernt war und die Menschen dort ihre Waren kaufen konnten? Gab es wirklich eine Mehrphasigkeit von langer Dauer, die diese Stadt zu dem werden ließ, wie wir sie heute noch kennen? Oder ist eine solch lange Dauer und eine Mehrphasigkeit mit der Stadtgestalt bzw. -form gänzlich unvereinbar? Hat eine einmalige Stadt wie Villingen wirklich das Recht auf eine Veränderung, die das Ganze nur noch teilweise erkennen lässt? Wesentliche Teile werden der Spitzhacke geopfert und damit wird die Stadt immer mehr ihrer Identität beraubt.

Bei einer Veranstaltung anlässlich der Tausendjahrfeier erläuterte ein bundesweit bekannter Stadtplaner Zähringerstädte, unter anderem auch Villingen. Die Diskussion zwischen dem vortragenden Stadtplaner und den anwesenden Archäologen, Historikern und Denkmalpflegern gab Anlass zum Nachdenken, denn gerade hier kam die Diskrepanz zwischen den Anhängern der gewachsenen und der gedachten Stadtstruktur sehr deutlich zum Ausdruck.

Ernst Hamm

Der erste, der Villingen als Planstadt beschrieben hat, war Ernst Hamm aus Freiburg, ein Architekt. Er führte den Stadtgrundriss Villingens auf einen idealisierten Plan zurück. Er stellte die baulichen Merkmale wie Hauptstraßenkreuz, Hofstätteneinteilung, Traufstellung der Häuser, Marktlage etc. zusammen, die als zähringertypisch anzusehen und auf römischen Ursprung (B8) zurückzuführen seien.

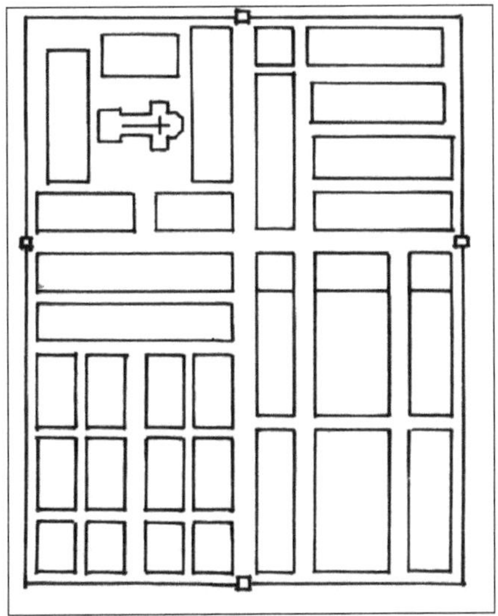

8 Architekt Hamm, Freiburg
Villingen auf römischer Grundlage?

Campus Initialis

Im Buch »Die Entdeckung der mittelalterlichen Stadtplanung« (8) wird eine Möglichkeit vorgestellt, wie man Villingen geplant haben könnte. Dabei wird eine Standardkonstruktion vorgestellt: den »Campus Initialis«. Die Verfasser versuchen auf 15 Zeichnungen nachzuweisen, dass der Grundriss Villingens, so wie er heute existiert, also einschließlich seiner Eigentümlichkeiten, geplant ist. Zur Planung bzw. Absteckung des Stadtgrundrisses soll der damalige Planer laut Ansicht der Verfasser des obigen Buches eine Diagonale gewählt haben, die mittels der Thaleskonstruktion zu einem Rechteck konstruiert wird. Das Rechteck bildet den so genannten »Campus Initialis«, so die Verfasser. Betrachten wir den »Campus Initialis« und dessen Diagonalenmittelpunkt, so fällt auf, dass er sich zum Grundriss der Stadt asymmetrisch verhält. Die Niedere Straße liegt nicht auf dem Mittelpunkt des Rechteckes. Die Rietstraße/Bickenstraße ist schiefwinklig zur kürzeren Seite des »Campus Initialis«. (B9) Daraus ergeben sich folgende Fragen: Hat man in der damaligen Zeit wirklich asymmetrisch geplant? Wurde die Schiefwinkligkeit in der Nordstadt geplant? Ist damit die Dekonstruktion schon im Jahr 1000 vorweggenommen? Die Vorgehensweisen durch Ernst Hamm (Idealplan) und durch die Verfasser des Buches »Die Entdeckung der mittelalterlichen Stadtplanung« (Campus Initialis) hinsichtlich des planerischen Nachweises lassen sich vereinfacht darstellen, indem man aus der Vergangenheit zur Gegenwart schaut. Jeder wählt einen Anfang, z. B. eine Vermessungsdiagonale oder einen Idealplan, die der Planer aus der Vergangenheit benutzt haben soll, und möchte anhand dieser Anfangsbedingung diese Stadtstruktur mittels diverser Überlegungen beweisen. Natürlich trifft dies auch auf die Vertreter der Denkmalpflege, der Archäologie und die Historiker zu. Wir werden feststellen, welche Kraft eine städtebauliche Form birgt, um ganze Argumentationsketten in Frage zu stellen.

Methodik zur Beweisführung

*D*ie von mir gewählte Vorgehensweise ist eine andere. Ich hatte die Idee, dass sich die um Villingen bestehenden Ortschaften mit Villingen baulich entwickelt haben und dass sich daraus Gesetzmäßigkeiten ableiten ließen, mit denen man eventuell beweisen konnte, ob Villingen eine geplante oder gewachsene Stadtstruktur besitzt. Gerade die Anfangsbedingungen und die dadurch sich zeigenden geometrisch- strukturellen Ergebnisse sollten dabei von besonderer Bedeutung sein. Die von mir gewählte Vorgehensweise zu einem Beweis für die Stadtstruktur ist, dass ich die Ortschaften, die nachweislich in einer Urkunde von 817 erwähnt sind, in ihrer stadtstrukturellen Entwicklung von 817 bis ins Jahr 2001 miteinander verglichen habe. Die sich ergebenden Stadt-Dorf-Geometrien werden dann den Geometrien nachweislich geplanter Städte gegenübergestellt. Im Ergebnis wird versucht, Villingen einer der beiden Stadtstrukturen zuzuordnen. Ob ein mathematisch-geometrischer Beweis oder nur eine Wahrscheinlichkeit die Bauform Villingens erklärt, dies wird am Ende der Schrift aufgezeigt. Die Stadtstrukturen in der Gegenwart zu untersuchen, halte ich für aussagekräftiger, für glaubwürdiger für die Städte, aus denen keine Gründungsaktunterlagen oder keine Zeichnungen vorhanden sind oder die nur induktiv und nicht aus einem gesamten Ansatz untersucht wurden. Die Aussagekraft und Glaubwürdigkeit folgen aus der aufgezeigten Geometrie. Hier kann eine Gesamtschau am gewordenen Objekt stattfinden und einen deduktiven wie induktiven Beweischarakter aufzeigen. Die Ergebnisse der Archäologie sind dagegen nur induktiv geprägt, da sonst ganze Städte bzw. die ganze Kernstadt Villingens abgebrochen werden müsste. Das gewählte Vorgehen halte ich für wissenschaftlich und könnte im Ergebnis und seiner Konsequenz die bestehende und für die Bürger lange, aber auch teuere Stadtplanung verkürzen. Gerade die städtebaulichen Planungen mit ihren hochgesteckten Zielen und den sich darstellenden Ergebnissen im Einzelnen zeigen auf, wie groß die Differenz zwischen Planung und Wirklichkeit ist, welche man auch in der Villinger Kernstadt findet, jedoch bei weitem nicht so ausgeprägt ist, wie z. B. im Zentralbereich der Doppelstadt oder beim Bau der Tonhalle.

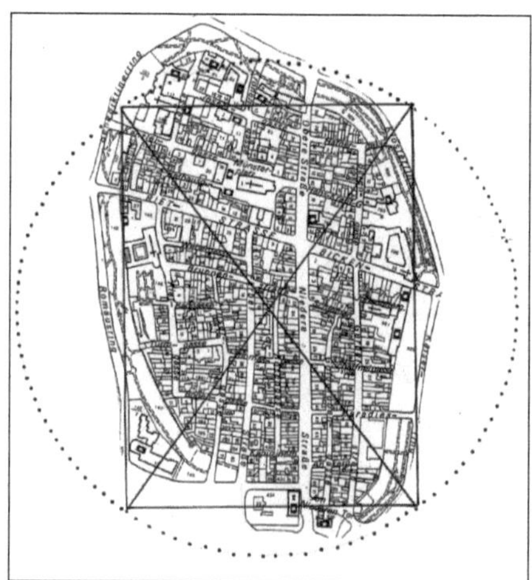

9 Campus Initialis (Humpert)
Der Beginn von Villingen?
Siehe die Lage des Mittelpunktes.

Die Untersuchung der Stadtstruktur in der Gegenwart mit gleichzeitigem Wissen, dass die miteinander verglichenen Stadtstrukturen gleich alt sind und sich strukturell aus der gleichen Zeit entwickelt haben, hat eine, nach meiner Auffassung, hohe Beweiskraft, ob es sich bei Villingen um eine gedachte oder geplante Stadtstruktur handelt. Der Umgang mit dem Recht der Veränderung und der Weiterentwicklung ist in einer gewachsenen Struktur sicherlich einfacher (Paris-Haussmann) wie in einer gedachten Struktur (Karlsruhe, orthogonal – radial, 60er-Jahre-Universität), insbesondere dann, wenn es sich um einmalige Ereignisse und damit verbunden um eine einmalige Stadtanlage handelt, die es wiederherzustellen und zu bewahren gilt. Die bauliche Entwicklung der letzten Jahre und Jahrzehnte in der Villinger Innenstadt, aber auch der planerische Umgang mit diesem Erbe hat mich veranlasst, darüber nachzudenken. Die Flächensanierung im zentralen Quartier der Villinger Innenstadt (Rietstraße 5) vergleichbar mit den Flächensanierungen der 60er- und 70er-Jahren in den Innenstädten waren für mich der letzte Anstoß. Ein letztendlicher Beweis für die ursprüngliche Villinger Stadtgestalt wäre nur dann möglich, wenn die Gesamtanlage abgerissen würde, um die ursprüngliche Bausubstanz analysieren zu können. So ist zu erklären, dass in den letzten Jahren erhaltenswerte Gebäude abgebrochen wurden. Alte Gebäude sind der Spitzhacke preisgegeben worden, ohne zu wissen, welche neuen Gebäude im qualitativen Vergleich zu sanierten alten Gebäuden entstehen.

> *Die Form eines jeden Teiles von Materie, ob lebend oder tot, und die Formänderungen, die durch seine Bewegungen und sein Wachstum in Erscheinung treten, kann also in allen Fällen gleichermaßen als Einwirkung von Kraft bezeichnet werden.* Dàrcy Thompson

Chaos-Fraktal

In den 60er-Jahren des letzten Jahrhunderts fiel einem Meteorologen in seinen Forschungen auf, dass sein Computerprogramm in einer 3stelligen Nachkommastelle, trotz abermaligem Durchlaufen der Sequenz, unterschiedliche Ergebnisse lieferte. Er stellte nach Prüfung fest, dass nicht die dritte, sondern die siebte oder achte Nachkommastelle für diese Änderungen verantwortlich war. Erst Jahre später wurde dieser Sachverhalt von den Mathematikern bzw. Physikern wahrgenommen und die Chaostheorie war geboren. Durch bestimmte Formeln, die in der Regel auf gebrochenen Dimensionen beruhen, ist es möglich, durch wiederholen der Berechnung mit geringfügiger Änderung Formen der Natur nachzuzeichnen. Ein Farn, aber auch ein Wegesystem, welches die Menschen über Jahrzehnte und Jahrhunderte in einer Stadt gebaut haben (Newton-Fraktal, Bifurkuationsdiagramm). Die sich am Computer ergebenden Formen anhand einer mathematischen Gleichung kann man deshalb mit den sich ergebenden Formen einer gewachsenen Stadt vergleichen und eine Deckung herbeiführen, was Wachstum nicht nur in der Natur, sondern auch in der Stadt ist. Dies ist aus der sich ergebenden geometrischen Form abzuleiten.

Wachstum

Wachstum ist mannigfaltig auf dieser Welt und überall sehen wir dieses Wachstum anhand von Formen und Strukturen. Ein Mensch wird gezeugt, geboren, wird zum Kind und Jugendlichen, zum Erwachsenen, bis er als Greis stirbt. So ist der Kreislauf der Natur, ob im Menschen-, Tier- oder Pflanzenreich. Jedes Teil hat seine Zeit. Ein Proton soll 10^{+30} Sekunden leben und ein virtuelles Teilchen 10^{-25} Sekunden. In jeder zeitlichen Phase des Wachstums ergeben sich andere Formen und Strukturen. Der Mensch lebt im Schnitt 75 Jahre und durchläuft verschiedene Formphasen, bis er letztendlich in den mysteriösen Kreislauf übergeht. Diese Formänderungen kann man gut an sich selbst beobachten. Die Formänderung im Alltag ist uns jedoch nicht so bewusst. Wenn diese Formänderung mit unserem Alter uns nicht alltäglich bewusst ist, wie wirkt dann eine Formänderung innerhalb einer Stadt auf uns, da sie ja eine viel längere Lebensdauer besitzt. Die Gesetze der Physik und der Evolution weisen auf einen Anfang, an dem die Vielfalt der Formen und Strukturen beginnt. Die Physiker sind mit ihren Berechnungen noch 10^{-44} Sekunden vom Beginn des Universums entfernt. Ob an diesem Punkt, dem Urknall, etwas gedacht wurde oder ob sich alles aus sich heraus entwickelte, ist noch umstritten. Und doch beruhen die Menschen, Tier- und Pflanzenformen (B10) auf einem Plan, einem Gesetz, das sich immer wiederholt, mit äußerst kleinen Varianten, die evolutionär wirken. Auch eine Stadt hat einen Anfang. Beginnt dieser Anfang mit einem Plan, nach dem diese Stadt Zug um Zug gebaut wird, oder beginnt diese Stadt mit einem Haus, zu dem sich immer weitere Häuser über einen langen Zeitraum hinzufügen. Wie nahe man an den Beginn einer Stadtstruktur, also den Zeitpunkt des Planungsaktes etc., hinführen muss, ist nach meiner Auffassung unerheblich. Es gilt zu unterscheiden, ob etwas durch Menschen gedacht und entworfen und vor allen Dingen danach gebaut wurde und sich über 1000 Jahre in den wesentlichen Zügen erhalten hat oder ob sich etwas baulich ergeben hat im Laufe der Jahrhunderte. Es geht nicht um den absoluten zeitlichen Beginn, sondern um den Anfang der Form und wie sie sich darstellt nach 1000 Jahren. Die Anfangsbedingungen des Beginns einer Stadtentwicklung. Wie die Stadt sich formt und strukturiert, was für Wege, Straßen und Räume sich bilden, ist von Bedeutung. Gibt es auch in den gewachsenen Stadtstrukturen Gesetzmäßigkeiten, die es zu entdecken gilt und die auf Unterschiede einer gedachten und gewachsenen Stadtstruktur hinweisen? Die Verfasser der »Entdeckung der Mittelalterlichen Stadtplanung« sind der Auffassung, dass »das Grundrissbild der gewachsenen Stadt keinerlei geometrische Strukturen zeigt«. Dieser Gedanke hat sich seit Jahrzehnten, nein, seit Jahrhunderten in den Planungsköpfen festgesetzt.

10 Mammutbaum
Fraktale Struktur (Farn)

> *Eine der Freuden des Lebens ist die Entdeckung und Wiederentdeckung von Zeichen der Schönheit in der Natur. Wenn man beispielsweise einen Kohlkopf aufschneidet oder eine Orange, die Formen von Muscheln oder die Flügel von Schmetterlingen betrachtet, werden diese Muster offenbar. Nicht allein wegen ihrer Schönheit sind diese Bilder anziehend, sondern auch, weil sie die Vorstellung von einer Ordnung hervorrufen. Welche Bedeutung hat das Dasein einer solchen Ordnung...?*
>
> György Doczi

Gewachsene Stadtstrukturen

So wie ein Backstein zum anderen zu einer Wand und letztendlich zu einem Haus führte, so stellt sich ein Haus zum anderen und führt zu einem kleinen Ortssetter, hin zu einem kleinen Dorf oder einer Stadt. Der Entwicklungsprozess ist unterschiedlich in seiner zeitlichen Ausprägung. Die Struktur dieses Dorfes oder dieser Stadt ergibt sich. Gibt es für solche sich bildenden Stadtstrukturen auch Gesetzmäßigkeiten?

Minimalnetz

Die überwiegende Zahl unserer Dörfer und Städte ist gewachsene Struktur. Dies kann man betrachten anhand einer topografischen Karte. Diese gewachsenen Strukturen haben Gesetzmäßigkeiten, die auch wissenschaftlich (9) untersucht wurden und die man als Minimalnetze (B11) bezeichnet. Ein schöner Vergleich aus dem Alltag sind mehrere aneinander klebende Seifenblasen, z. B. Badeschaum, die in ihrer zweidimensionalen Ränderdarstellung diese Minimalnetze darstellen. Innerhalb dieser Netze bilden sich Knoten, deren Linien in einem Winkel von rund 120 Grad aufeinander stehen. Überall dort in den Dörfern und Städten, in denen wir solche 3-Wege-Knoten entdecken, können wir auf gewachsene Stadtstrukturen schließen. In ihrer eindeutigen Ausprägung sind diese städtischen Wachstumsformen selten vorhanden, da sie in erster Linie durch Randbedingungen überlagert werden, die der reinen städtischen Wachstumsform

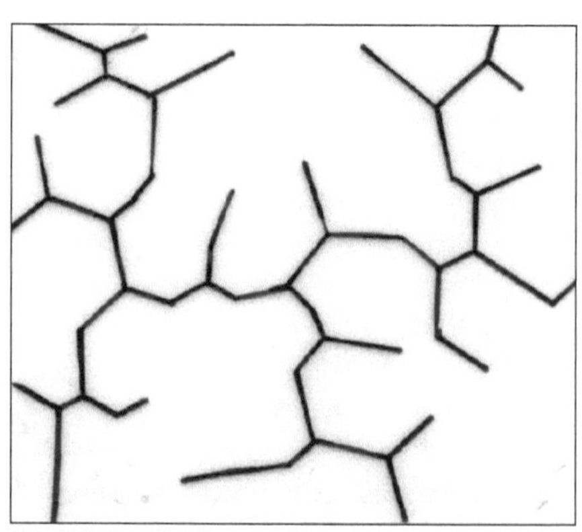

11 Minimalnetz
Formbildung aus dem Nichts?

14

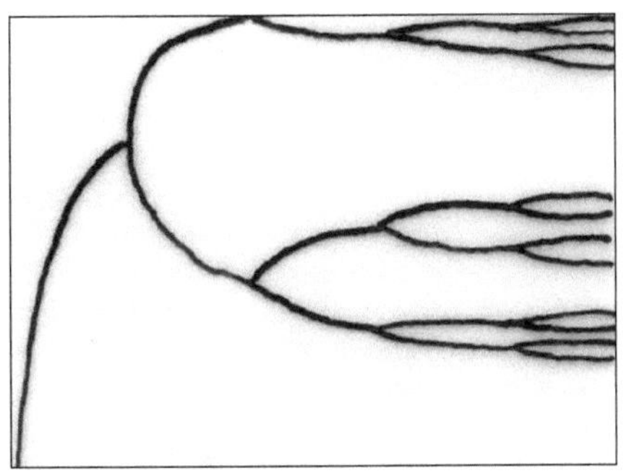

12 Bifurkationsdiagramm
Straßen-, Fluß-, Adergabelung

13 Zigarette
Ordnung und Chaos im Rauchstrom
(zuerst geradlinig, dann auflösend),
Energie??, Gravitationsfeld??, Wärme??,
Entropie??

entgegenstehen. Hierbei spielt die Topografie eine wesentliche Rolle. Wesentliches Merkmal ist wie vorne geschildert der 3-Wege-Knoten. Diese Art von städtebaulicher Entwicklungsstruktur nennt man gewachsen, überprüfbar an einer topografischen Karte. Dort finden wir Dörfer und Städte, die verschiedene Alter besitzen, die geometrische Ausformung ist jedoch immer ähnlich. In vielen Dörfern ist eine solche gewachsene Struktur zu finden. Dorfchroniken und darin enthaltene alte Stadtpläne zeigen wie in einem Zeitraffer auf, wie sich dieses Dorf entwickelt hat und gegebenenfalls zu einer Stadt wurde. Da sich gewachsene Stadtstrukturen in erster Linie aus Minimalnetzen entwickeln, die wiederum auf den Drei-Wege-Knoten zurückzuführen sind, ist man geneigt, diese als nicht geometrisch zu behandeln und diese Form des sich bildenden Wegenetzes als nicht rational anzusehen. Die Chaostheorie hat jedoch aufgezeigt, dass Bifurkationsdiagramme **(B12)** Ähnlichkeiten mit diesen gewachsenen Wegenetzen darstellen.

Das Gleiche gilt für die Kochkurve, mit der man die Randbereiche einer solchen gewachsenen Stadtstruktur vergleichen kann. Ein physikalisches Beispiel der Chaostheorie wäre eine brennende Zigarette **(B13)**. Hält man eine brennende Zigarette vor sich und beobachtet den aufsteigenden Rauch, so erkennt man zwei Formen des Rauches. Ein gerader Rauchstrom, der von der Glut aufsteigt, je nach äußerem Einfluss sich hin und her bewegt und plötzlich abreißt und sich kräuselnd auflöst. Genau dieser Übergang von einem einigermaßen geordneten Verhalten in ein chaotisches, irrationales Verhalten ist mit Grundlage der Chaosforschung. Die Energieminderung ist für dieses chaotische Verhalten wahrscheinlich mit verantwortlich. Trifft dies auch für gewachsene Stadtstrukturen zu? Je weniger Energie, je weniger Einsatz, je weniger Planungsinhalt etc. – führt dies zu gewachsenen, chaotischen Stadtstrukturen? Wählt die wachsende Stadt wie beim Gesetz der Entropie den Zustand größerer Unordnung als den einfachsten Weg? Führt mangelnde menschliche Energie und damit Aufwand und Geld bzw. Einsatz für ein ordnendes Stadtgefüge zu diesen gewachsenen Stadtstrukturen, weil Ordnung immer ein gewisses Maß an Energie verlangt? Es gibt ein schönes Zitat, das die Entwicklung einer gewachsenen Struktur, aber auch, vielleicht noch deutlicher, einer gedachten Stadtstruktur beschreibt: »Auf den Karten sehen wir mannigfach Grenzen, weil Herrschaften eben auf Grenzen bedacht sind. Aber den Untertanen waren immer schon die Wege wichtiger, die zueinander führten.« (G. Gebauer) Wenn wir uns die Stadtgrundrisse der beiden Teilstädte Villingens und Schwenningens betrachten und darüber nachdenken, ob es Unterschiede in den Wege- und Grenzstrukturen gibt, dann erkennen wir, wo geherrscht und anfangs gedacht wurde. In der Urkunde des Kaisers Ludwigs I. von 817 wird Villingen erstmals genannt. Mit dieser Urkunde übertrug der Kaiser Zins-, Tribut- und sonstige Einnahmen aus 47 Hofgütern (Mansen), die bisher sieben Grafen zustanden, dem Kloster St. Gallen.

Nach Auffassung der Villinger Geschichtsschreibung handelt es sich bei Villingen von 817 um das Villingen, welches beim heutigen Friedhof als »Alt-Villingen« in den Geschichtsbüchern beschrieben und in alten Karten und Plänen vermerkt wird. Welche Stadt-Dorf-Struktur dieses »Alt-Villingen« besaß, wissen wir heute nicht mehr, da nur noch Teile der Altstadtkirche vorhanden sind. Die Tatsache jedoch, dass das »Alt-Villingen« nicht mehr vorhanden ist und ein anderes Villingen gebaut wurde, ist zur Gegenüberstellung der verschiedenen Stadtstrukturen bedeutend. »Alt-Villingen« ist in diesem Zusammenhang insofern interessant, weil es diesen Ort nicht mehr gibt. Dafür gibt es jedoch noch alle die Ortschaften und Dörfer, die in der Urkunde von 817 mit Villingen zusammen genannt werden. Die Orte heißen: Hondingen, Klengen, Bissingen, Schörzingen, Schwenningen, Weilersbach, Tuningen, Nordstetten, Pfohren, Spaichingen, Tannheim, Thalhausen, Heimbach, Buchheim, Stetten, Markdorf, Fischbach, Kluftern, Hütwilen, Kesswil, Landschlacht, Zihlschlacht, Iffwil und Tänikon.

Da keine Pläne aus dem Jahr 817 bekannt sind, müssen wir aufzeigen, wie sich diese Orte strukturell im jeweiligen Formprozess entwickelt haben. Anhand dieser Entwicklungsformen und Strukturen ist dann in einem Verhältnis von 1/26stel Sicherheiten abzuleiten, welche Unterschiede zwischen den untersuchten strukturellen Entwicklungen der Ortschaften und der heutigen Stadtstruktur von Villingen vorhanden ist.

Diese 26 Ortschaften haben sich mit Villingen entwickelt und um das Jahr 1000 wurde »Alt-Villingen« aufgegeben. Ob das uns heute bekannte Villingen eine andere Entwicklungsstruktur besitzt wie die 26 untersuchten Ortschaften, will diese Schrift aufzeigen. Zur Untersuchung dieser Stadt- und Dorfstrukturen dienen in erster Linie das Wege- und Straßennetz und die äußere Form, welche sich über die Jahrhunderte entwickelt hat bzw. konstant blieb. Würden wir die Orte und Dörfer oder die Städte in der Größe Villingens in ganz Deutschland untersuchen, so wäre ein aussagekräftigeres Ergebnis zwischen den unterschiedlichen Strukturen besser sichtbar als im Verhältnis von 1/26stel. Doch reicht ein Vergleich gerade deshalb, weil Villingen nachweislich mit diesen Ortschaften im Jahre 817 genannt wurde und sich mit ihnen bis heute städtebaulich entwickelt hat. Bei den nachfolgenden Strukturskizzen werden die Merkmale verstärkt hervorgehoben.

Hondingen

Wo die Manse (Hofgut) des Weifari zu Hondingen **(B14)** in der gezeigten Skizze von 817 sich befand, lässt sich heute nicht mehr sagen. Es ist jedoch sicher, dass es ein solches Hofgut gab, welches diesem Weifari gehörte und welches gleichzeitig mit Ausgangspunkt war für die bauliche Entwicklung Hondingens. Die Unwissenheit, wie viele Gebäude Hondingen im Jahr 817 besaß, gilt ebenso für die folgenden Orte, die beschrieben werden. Hierbei ist nicht wichtig, wie viele Gebäude um das Jahr 817 Hondingen und die nachfolgenden Orte besaßen, sondern, zu welcher Form sich dieser Ort entwickelt hat. Hondingen hat sich bis heute zum Straßendorf entwickelt. Die Hauptstraße ist leicht zur Nord-Süd-Achse geneigt und beidseitig bebaut. Auf der westlichen Seite dieser Hauptstraße sind zwei halbkreisförmige Wege, die an die Hauptstraße anschließen und ebenfalls beidseitig bebaut sind. Die Bebauung kann man nachsehen auf einer topografischen Karte. Auf der Ostseite der Hauptstraße schließt ein Y-förmiges Wegesystem an die Hauptstraße an und an die Verbindung der halbkreisförmigen Wege gegenüber und bildet damit eine Kreuzung. Auf der östlichen Seite befindet sich die Kirche. Auch südlich kreuzt eine Straße die Hauptstraße. Allerdings ist sie nur auf der westlichen Seite bebaut. Die gesamte Bebauung ist dadurch geprägt, dass die Häuser mit Abstand zum Nachbarn gebaut wurden.

Klengen

Sicherlich gilt auch für Klengen **(B15)**, dass die Manse von 817 nicht mehr feststellbar ist, übrigens auch für die nachfolgenden untersuchten Orte. Klengen hat sich weitaus stärker entwickelt als Hondingen. Die Entwicklung war sicherlich begrenzt durch die westlich gelegene Bahnlinie, was dazu führte, dass der Osten von Klengen stärker bebaut wurde. Die Kirche liegt an der Landstraße, die leicht geneigt ist zur Nord-Süd-Achse. Das Wegenetz weist unterschiedlichen Charakter auf. Westlich zur Haupt- bzw. Landstraße befinden sich drei Straßen, die sich parallel zu ihr entwickeln. Des Weiteren zeigen sich Stichstraßen, die rechtwinklig zur Landstraße anschließen. Östlich der Hauptstraße ist der Ort gekennzeichnet durch meist gekrümmte Straßen. Auch in Klengen ist die Bebauung durch »Lücke« fixiert. Die äußere Form ist ebenfalls wie in Hondingen als amorphe Form gekennzeichnet. Die Bahnlinie wirkt als gerade Begrenzung. Nach Osten sind die topografischen Gegebenheiten in den Dorfstraßen sichtbar.

Bissingen

Bissingen **(B16)** ist heute als Straßendorf ablesbar. Beidseitig der gekrümmten Hauptdurchgangsstraße sind die Gebäude aufgereiht. Wie bei den meisten gezeigten Dorfstrukturen bildet die Kirche als zentrale Versammlungsstätte die ehemalige Ortsmitte. Das Dorf hat sich sicherlich vom ehemaligen kleinen Haufendorf (rechts der jetzigen Durchgangsstraße)

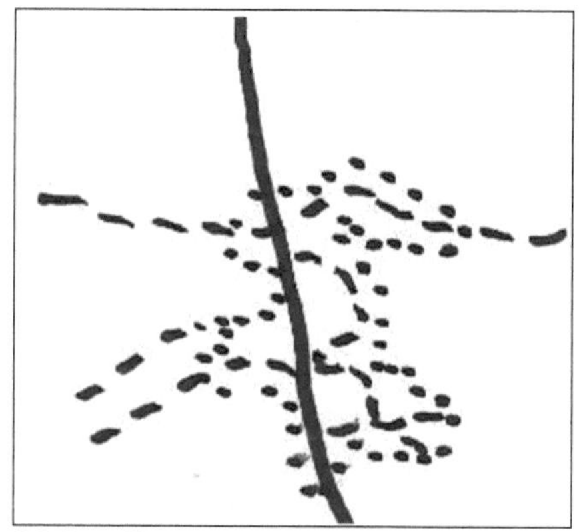

14 Hondingen

15 Klengen

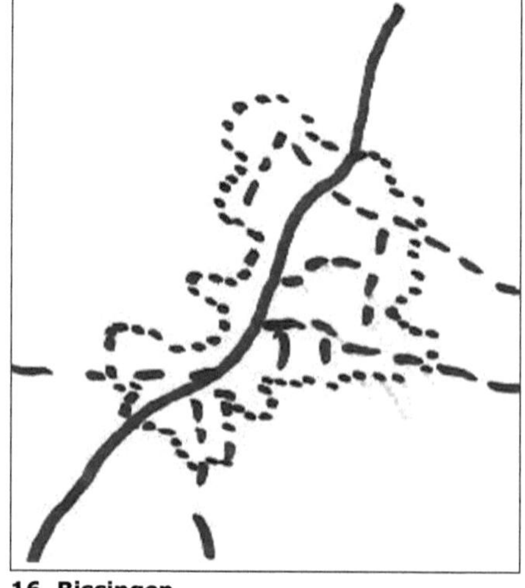

16 Bissingen

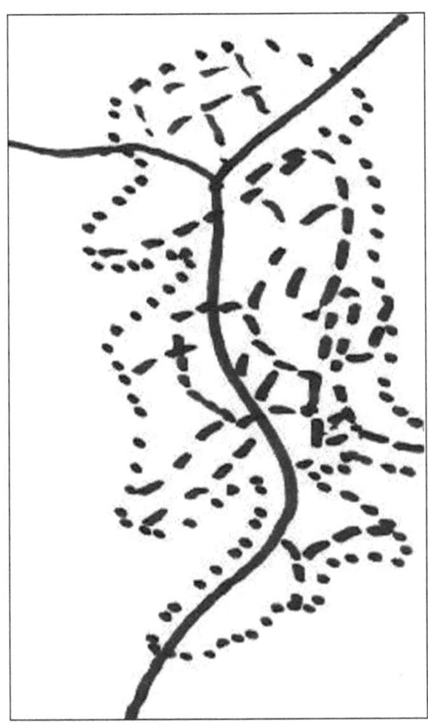

17 Schörzingen

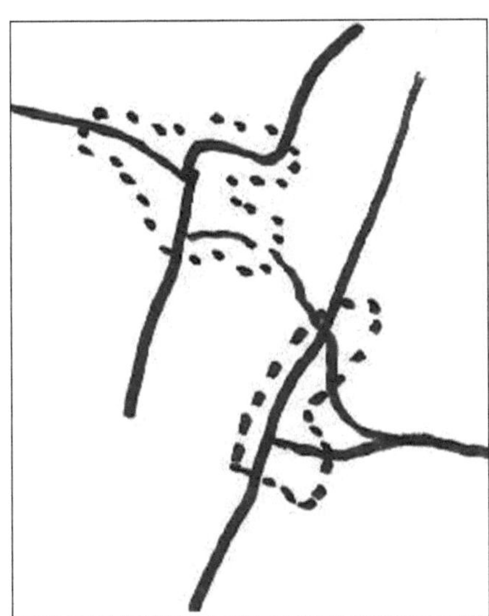

18 Nordstetten

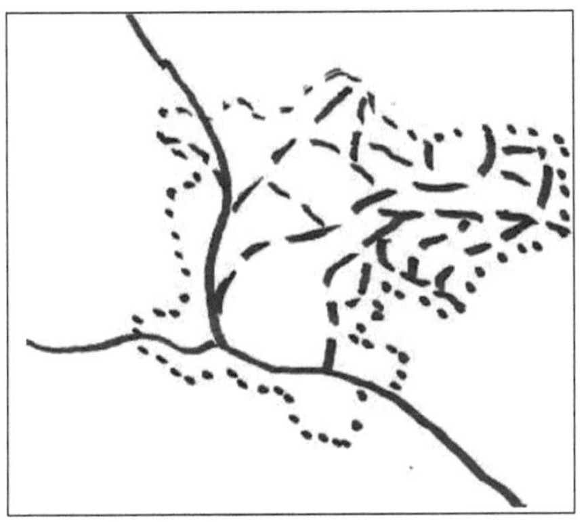

19 Weilersbach

zum heutigen Straßendorf entwickelt. Die Hauptstraße ist leicht gegenläufig gekrümmt. Im Nebenstraßensystem ist keine Ordnung zu erkennen. Die äußere Form ist wie bei den vorigen Untersuchungen als amorphe Struktur zu erkennen.

Schörzingen

In Schörzingen **(B17)** kann man sehr gut den 3-Wege-Knoten sehen, der das gekrümmte Hauptstraßensystem bildet. Im Nebenstraßensystem ist ebenfalls kein Ordnungssystem. Die Kirche liegt ein wenig abseits von der Hauptstraße. Die den 3-Wege-Knoten bildenden Straßen von Schörzingen sind leicht gekrümmt. Schörzingens Außenbegrenzung ist ebenfalls als amorphe Struktur anzusehen.

Nordstetten

Nordstetten **(B18)** hat sich wahrscheinlich nicht wesentlich weiter entwickelt, als wie es sich um das Jahr 817 darstellte. Eine Bebauungstypologie ist nicht erkennbar. Der Weiler Nordstetten wurde sicherlich durch die Nähe zum ehemaligen »Alt-Villingen« und später zum historischen Villingen in seiner Entwicklung gehemmt. Die Hauptstraßen erinnern an einen 3-Wege-Knoten. Das Nebenstraßensystem ist nicht vorhanden. Auch Nordstetten, obwohl es sehr klein ist, besitzt eine amorphe äußere Form.

Weilersbach

Weilersbach **(B19)** hat sich zum Haufendorf entwickelt. Die Kirche befindet sich am Dorfrand an einem 3-Wege-Knoten. Die gekrümmten vorhandenen Hauptstraßen bilden Verzweigungen. Das Nebenstraßensystem ist im östlichen Teil von Weilersbach ausgebreitet. Die äußere Form von Weilersbach ist wie die vorgegangenen Formen als amorph zu bezeichnen.

Tuningen

Auch in Tuningen **(B20)** haben sich zwei sehr deutlich erkennbare Drei-Wege-Knoten gebildet. Die Dorfkirche steht in unmittelbarer Nähe der östlichen Wegezusammenführung. Das Hauptstraßensystem ist durch Knick gekennzeichnet. Auch in Tuningen richtet sich das Nebenstraßensystem an der jeweiligen Hauptstraße aus. Insgesamt ist Tuningen als Haufendorf zu erkennen. Auch die äußere Form Tuningens ist amorph.

Tannheim

Tannheim **(B21)** stellt einen Sonderfall des 3-Wege-Knotens dar, und zwar dadurch, dass der eigentliche Knotenpunkt ein Wegedreieck ist. Ansonsten ist Tannheim ebenfalls als Straßendorf gekennzeichnet. Die äußere Form ist amorph.

Pfohren

Eigenartigerweise sind die Kirchen bei diesen kleinen Dorfstrukturen immer etwas am Rande, so auch in Pfohren **(B22)**. Wieder erkennt man eine Wegehierarchie mit den vielfältigsten Beziehungen einschließlich einer aus neuerer Zeit stammenden Umgehungsstraße. Bei der Kirche oder umgekehrt liegt der 3-Wege-Knoten. Auch in Pfohren sind die Hauptstraßen gekrümmt. Durch die stärkere Krümmung der Hauptstraße kann sich das Nebenstraßensystem nicht anpassen und sucht eine eigene Form. Ebenfalls ist auch bei Pfohren die äußere Form amorph.

Spaichingen

Spaichingen **(B23)** ist eine Kleinstadt. Der 3-Wege-Knoten befindet sich wieder nahe der Kirche. In Spaichingen sind neben dem Hauptstraßensystem (Bildung des 3-Wege-Knotens) zwei weitere Nebenstraßensysteme. Man kann in größeren Strukturen die einzelnen Phasen der Stadtbebauung gut ablesen. Der Unterschied zwischen Produktion (Industrie) und Wohnen ist ebenfalls gut erkennbar. Die äußere Gestalt ist ebenfalls amorph.

Thalhausen

Thalhausen **(B24)** ist sicherlich die kleinste Ansammlung von Gebäuden der untersuchten Ortschaften. Es besteht in erster Linie nur aus Wegen, wobei sich auch hier ein 3-Wege-Knoten gebildet hat.

Heimbach

Die Hauptstraße von Heimbach **(B25)** knickt mitten im Dorf. Der eigentliche Dorfkern liegt nördlich dieser abknickenden Straße. Im Nebenstraßensystem ist ein 3-Wege-Knoten erkennbar. Die äußere Form ist durch mehrere Ausbuchtungen gekennzeichnet.

Buchheim

Buchheim **(B26)** hat sich zum Haufendorf gebildet. Hier entwickelte sich ein Straßenkreuz, dessen Straßen jedoch nicht senkrecht aufeinander stehen und die gekrümmt sind. Das Nebenstraßensystem ist geometrisch losgelöst von den beiden Hauptstraßen. Zwischen der Bebauung haben sich Freiräume erhalten. Die Umrisslinie folgt den Ausbuchtungen der sich entwickelten Bebauung.

Stetten

Die überörtliche Straße teilt das Dorf in unterschiedlich große Bereiche. Das Nebenstraßensystem im südöstlichen Teil von Stetten **(B27)** lässt eine gewisse Rechtwinkligkeit erkennen. Stetten hat sich zum Haufendorf entwickelt. Auch in Stetten folgt die Umrisslinie einer amorphen Form.

Markdorf

Markdorf **(B28)** hat sich zur Kleinstadt entwickelt. Im Zentrum bei der Kirche ist ein kleiner 3-Wege-Knoten erhalten. Die Straßenhierarchie ist deutlich ablesbar. Die Hauptstraßen folgen weitgehend gekrümmten Linien. Nur wenige Nebenstraßen sind geradlinig. Die äußere Form von Markdorf ist amorph.

Fischbach

Fischbach **(B29)** ist in seiner Ausdehnung recht bescheiden geblieben. Das Straßendorf entwickelt sich entlang eines

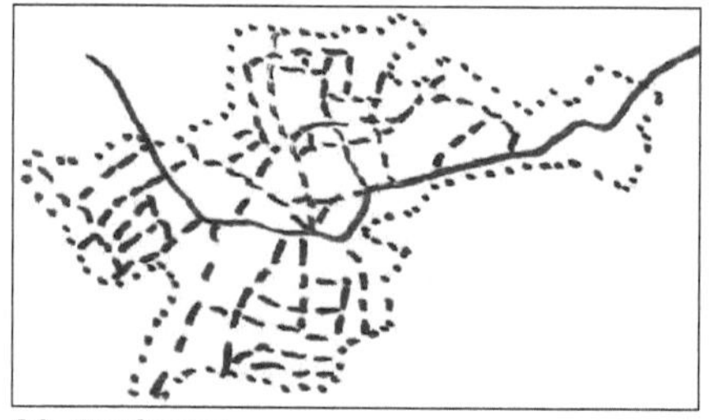

20 Tuningen

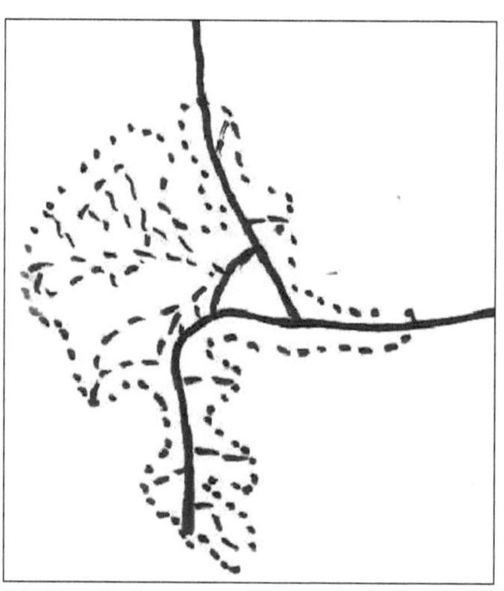

21 Tannheim

22 Pfohren

3-Wege-Knotens, an dem auch die Kirche liegt. Die Bebauung ist auf Lücke ablesbar. Eine amorphe Form kennzeichnet auch die äußere Umrisslinie von Fischbach.

Kluftern

In Kluftern **(B30)** zeigt sich eine Durchgangsstraße, deren Nebenstraßen von

23 Spaichingen

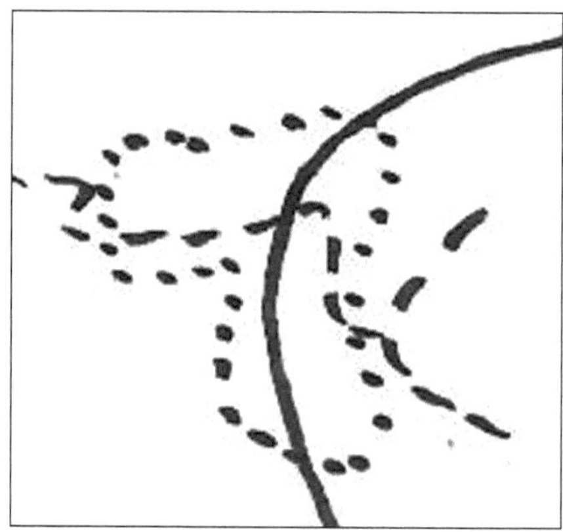

24 Thalhausen

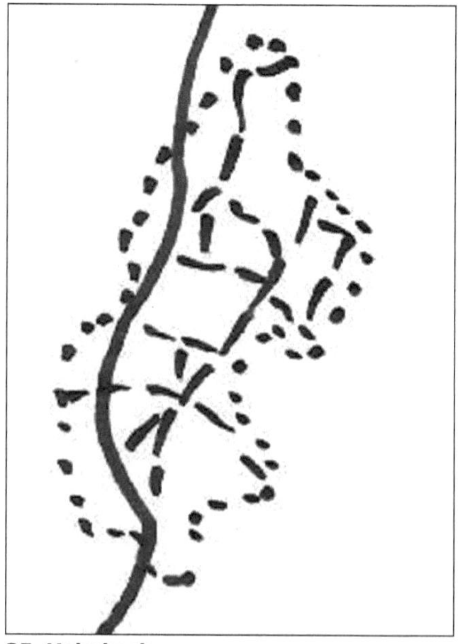

25 Heimbach

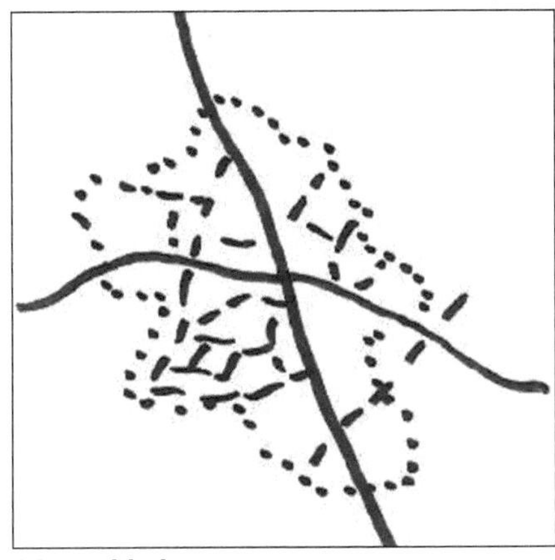

26 Buchheim

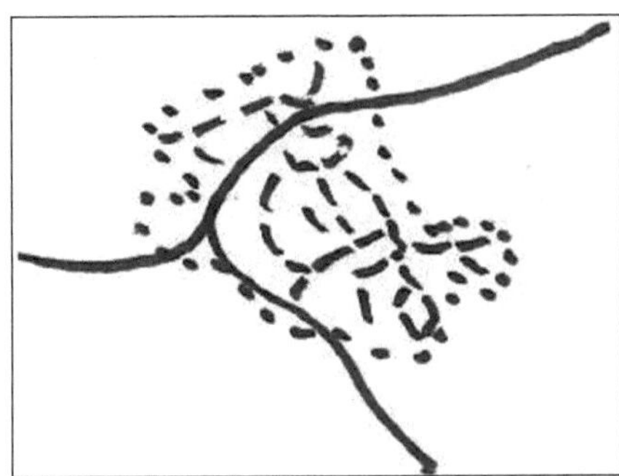

27 Stetten

28 Markdorf

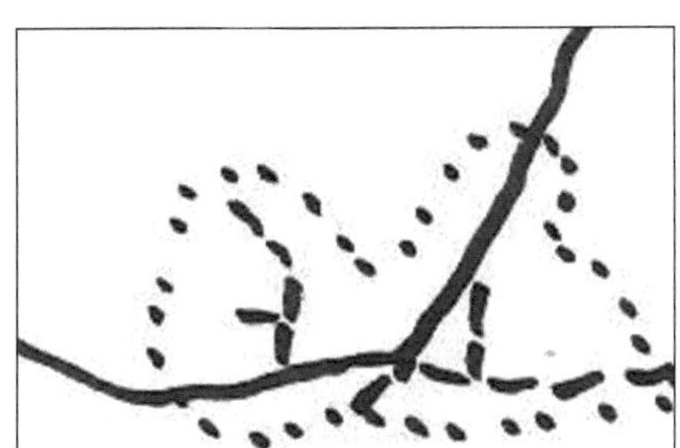

29 Fischbach

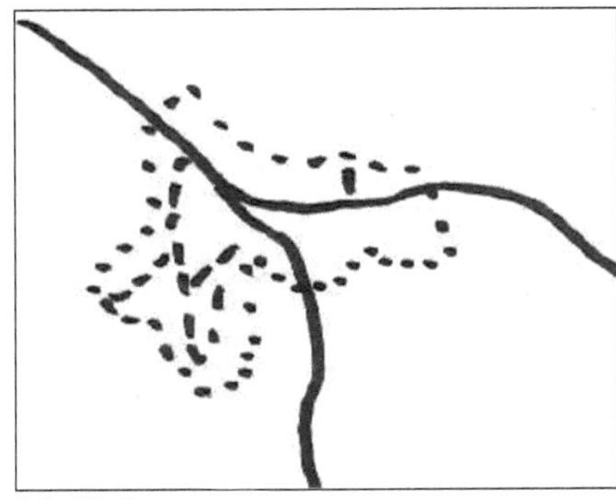

30 Kluftern

31 Hütwilen

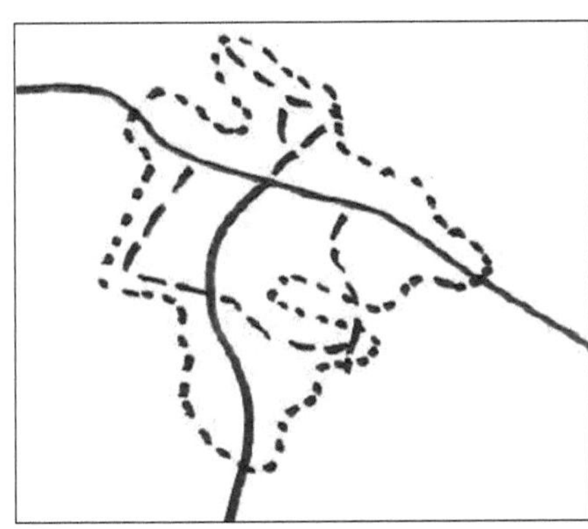

32 Kesswil

33 Landschlacht

der Hauptstraße verzweigt abgehen. Die äußere amorphe Form ist klar erkennbar, auch bei der kleinen Größe von Kluftern.

Hütwilen

In Hütwilen (B31) verläuft die Hauptstraße diagonal durch die Ortschaft. Die Straße ist leicht gekrümmt. Das Nebenstraßensystem ist gekennzeichnet durch eine vorwiegend gebogene Linienführung. Auch hier ist die äußere Form amorph.

Kesswil

In Kesswil (B32) sind ein Dreieck und ein Parallelogramm im Straßensystem zu erkennen. Die Hauptstraßen sind vorwiegend gekrümmt. Auch die Bebauung ist als offen zu bezeichnen, wie dies in den vorigen Orten ebenfalls der Fall war. Auch in Kesswil ist die äußere Gestalt amorph.

Landschlacht

Landschlacht (B33) ist ein kleines Haufendorf, in dem sich ebenfalls ein 3-Wege-Knoten entwickelt hat. Das Nebenstraßensystem ist aus einer Straße gebildet. Die amorphe Form ist auch bei diesem kleinen Dorf zu erkennen.

Iffwil

Iffwil (B34) hat sich zu einem kleinen Straßendorf entwickelt.

Tänikon

Tänikon (B35) hat sich ebenfalls zu einem kleinen Straßendorf ausgebildet.

Zihlschlacht

In Zihlschlacht (B36) ist eine Straßenkreuzung wahrnehmbar, wobei die beiden das Kreuz bildenden Straßen gekrümmt sind. Die Nebenstraßen schließen an die Hauptstraßen an, sodass sich ein Verzweigungsmuster zeigt. Die Bebauung folgt den Krümmungen. Die äußere Gestalt ist ebenso amorph wie bei den vorhergehenden Orten.

Schwenningen

Schwenningen bei Beuron im Donautal, aber auch der Stadtteil Schwenningen **(B37)** der Großen Kreisstadt Villingen-Schwenningen reklamieren jeweils für sich, dass sie in der vorher genannten Urkunde von 817 genannt sind. Schwenningen bei Beuron hat als Haufendorf eine ähnliche Struktur wie die bisher vorgestellten Dörfer. Der Stadtteil Schwenningen der Großen Kreisstadt ist deshalb von Bedeutung, da er mit dem Stadtteil Villingen hinsichtlich seiner heutigen Größe in etwa vergleichbar ist und er sich zeitgleich entwickelt hat. Gerade in größeren Städten ist eine Betrachtung hinsichtlich eines zeitlich begrenzten Ordnungssystems bedeutsam.

Die Straßenbreiten und die Baublockgröße bzw. -formen lassen entsprechende Hierarchien erkennen. Die Form des Baublockes gibt uns Auskunft darüber, wie lange ein Grundgedanke einer städtebaulichen Formidee in der Realisierung angehalten hat bzw. umgesetzt wurde. In Schwenningen ist eine einfache, auf dem klarsten geometrischen Element, nämlich dem Quadrat, aufbauende Baustruktur zu erkennen, die aus dem 20. Jahrhundert stammt. Südlich der Sturmbühlstraße hat sich eine solche Struktur klar ausgeprägt.

Auf einem Plan des Oberamtes Tuttlingen aus dem Jahre 1838 ist diese quadratische Struktur mit 5 Baublöcken vorgegeben. Immer dort, wo wir euklidische geometrische Elemente erkennen, in der Regel bis zum Jahr 1870, kann man davon ausgehen, dass diese Strukturen geplant und gedacht sind und damit entworfen wurden und auf einem geistigen Prinzip beruhen. Das Hauptstraßensystem ist durch Verzweigungsnetze (Y) geprägt, wobei auch 3-Wege-Knoten vorhanden sind. Die außerhalb des ehemaligen Dorfkernes gelegenen Nebenstraßen richten sich an den Richtungen der ihnen angrenzenden Hauptstraßen aus. Gut zu sehen ist dies bei der oben genannten Sturmbühlstraße und der Neckarstraße. Aber auch die Abknickung der Alleenstraße zur Salinenstraße zeigt, wie das Nebenstraßensystem die Richtungen der zueinander abbiegenden Hauptstraßen aufnimmt. Auch der Umriss Schwenningens nimmt eine amorphe Form an.

Villingen

Villingens bauliche Entwicklung **(B38)** ist ebenso wie die vorgenannten Dörfer und Städte gewachsen. In der Mitte der Gesamtbebauung ist ein kleines Oval mit einbeschriebenem Straßenkreuz zu erkennen, das in seiner äußeren Gestalt klar in Erscheinung tritt und sich damit von der umgebenden und gewachsenen Bebauung abgrenzt und loslöst. Eingebunden wird dieses Oval in das übrige Stadtsystem nur durch drei Hauptstraßen. Im südlichen Bereich übernimmt diese Aufgabe eine Nebenstraße (Färberstraße/Warenburgstraße). Das Straßensystem im Oval ist aufbauend auf einem Straßenkreuz gegliedert. Außerhalb des Ovals sind ähnliche Verzweigungssysteme zu erkennen wie bei den vorgenannten Orten. In Villingen sind die einzelnen Baugebiete sehr gut sichtbar. Auch Villingens jetzige äußere Form ist amorph. Die Kernstadt jedoch bildet ein Oval mit einem einbeschriebenen Straßenkreuz

Zusammenfassung

Gemeinsam mit Villingen haben sich diese 26 Orte vom Jahre 817 aus entwickelt. Wir könnten noch einige tausend Ortschaften untersuchen und würden sicherlich zu gleichen Merkmalen gelangen, wie wir sie in den 26 Ortschaften aufgezeigt haben. Von der Größe Nordstettens bis zur Größe Schwenningens sind ähnliche Elemente in diesen gewachsenen Strukturen erkennbar. Die Ausgangsgröße ist nicht bekannt und für eine gewachsene Form auch nicht entscheidend. Die äußere Ausformung nimmt immer eine amorphe Figur an. Das innere Nebenstraßensystem zeigt die unterschiedlichen Facetten der Verzweigungssysteme. In fast allen Ortschaften sind

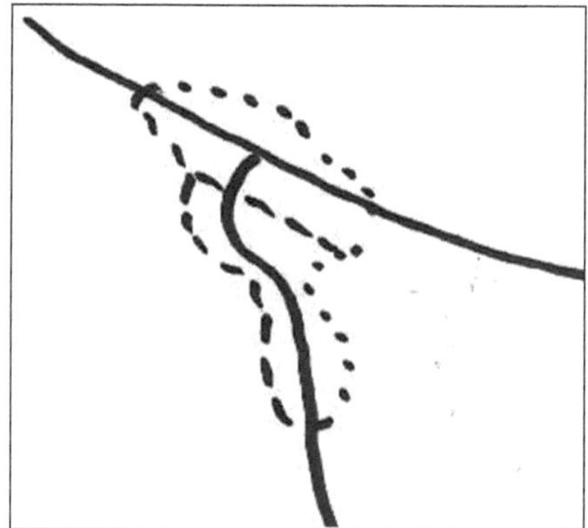

34 Iffwil

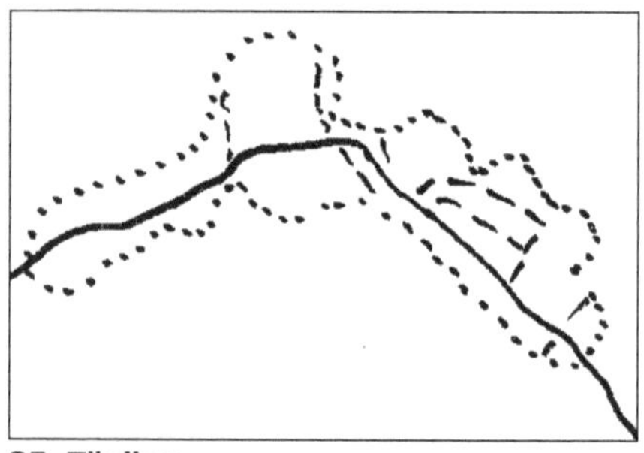

35 Tänikon

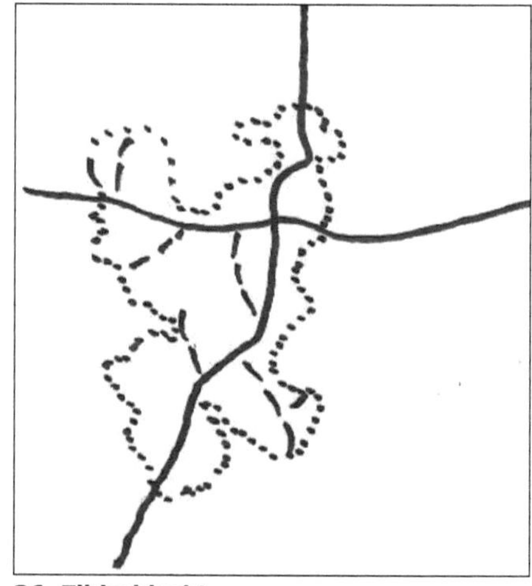

36 Zihlschlacht

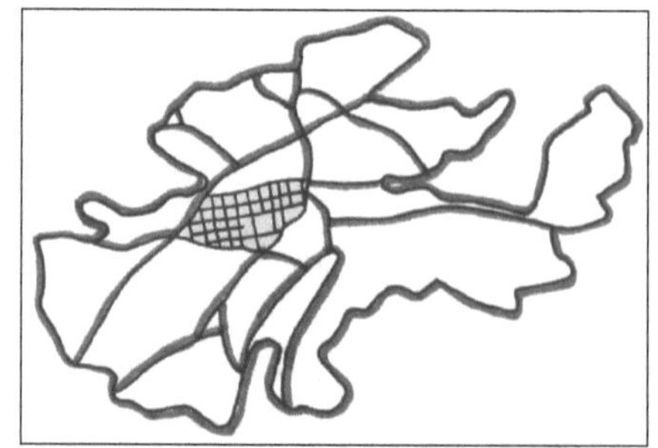

37 Schwenningen mit Oberdorf (ca.1920)

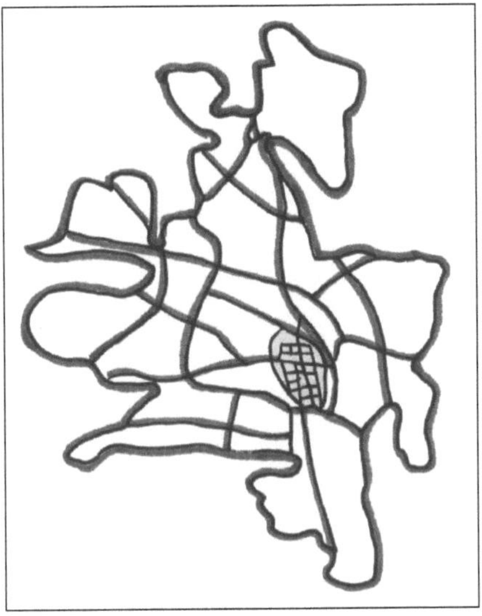

38 Villingen, Oval im Chaos

deutliche 3-Wege-Knoten zu erkennen, die ein wesentliches Merkmal einer gewachsenen Stadt- bzw. einer Dorfstruktur sind. Des Weiteren sind die Straßen, die den 3-Wege-Knoten bilden, in aller Regel gekrümmt. Auch die Grundstückszuschnitte sind gegenüber gedachten Städten verschieden. Eine gewachsene Stadtstruktur ist somit an sechs wesentlichen Erkennungsmerkmalen zu identifizieren.

Die sechs formalen Merkmale einer gewachsenen Stadtstruktur (fraktale Geometrie):

– der 3-Wege-Knoten, der in der Nähe der Kirche liegt und als übergeordnetes gewachsenes Erkennungszeichen gilt (Newton-Fraktal; Internet Google, Wikipedia, Fraktal) in Verbindung mit Minimalnetz. **(B11)**

– gekrümmte Hauptstraßen, die auch den 3-Wege-Knoten bilden (Julia Menge nach der Formel $f(z)=2/3*(z3+2z-2)/z$, dargestellt auf $[-2,5;2,5]×[-2,5;2,5]$ von Michael Becker (Internet). Ein Nebenstraßennetz, welches als Verzweigungssystem (z. B. Bifurkationsdiagramm) anzusehen ist. **(B12)**

– das Nebenstraßensystem hat zum Hauptstraßensystem keine geometrischen orthogonalen Bezüge (vergleiche Spaichingen).

– Die Grunstücksformen zeigen sich als Vielecke (mehr bzw. weniger als vier Ecken. Vergleiche Villingen, Grundstück Volksbank, erster »Wachstumsring«).

– die äußere amorphe Form (Attraktor und Brownsche; in 10) ist ein zusätzliches wesentliches Merkmal einer gewachsenen Stadt, die sich als Formwandlung darstellt, im Gegensatz zur Formbeständigkeit der gedachten Stadt.

– die Lichtenbergsche Entladungsfigur, als formales Gebilde, vereinigt das Haupt- und Nebenstraßensystem in sich (in 10, vergleiche aber auch Markdorf und viele andere gewachsene Städte).

Sicherlich sind bei nicht allen Ortschaften alle sechs Merkmale gleich stark vorhanden, sondern vielmehr ist das eine oder andere Merkmal mehr oder weniger stark ausgeprägt oder fehlt ganz. Die Beschränkung auf die wesentlichen Merkmale der fraktalen Geometrie ist einerseits eine Schwachstelle dieser Schrift. Andererseits eröffnet sie dem Leser die ungeheure Vielfalt dieser Geometrie, diese im Internet kennenzulernen (z. B. Google, Julia Menge, Michael Becker).

$$E = mc^2$$
Albert Einstein

Euklid

Vor zweitausendfünfhundert Jahren wurde eine Geometrie definiert, die man die euklidische nennt. Euklid war ein Grieche und wird durch sein Werk nach meiner Überzeugung immer Gültigkeit haben, weil es ein geistiges Werk ist. Was ist damit gemeint? Beginnen und verweilen wir mit seiner ersten Definition im I. Buch seiner Elemente.

Ein Punkt ist, was keine Teile hat.

Daraus leiten sich zahlreiche seiner weiteren Definitionen ab wie Linie, Grenze, Mittelpunkt etc. Doch was gibt es auch heute noch in der Natur, was keine Teile hat. Werner Heisenberg postuliert, dass man nur beobachtbare Größen untersuchen soll. Untersuchen wir einen Punkt auf dem Blatt Papier, den wir mit einem Bleistift gemalt haben, dann können wir diesen in zwei Metern Entfernung gerade noch erkennen. Dagegen erscheint er mit einem Mikroskop geradezu deutlich wahrnehmbar und es gibt zumindest ein Teil des Punktes. Die Mathematiker und Physiker definieren den Punkt durch drei Angaben des Koordinatensystems, sodass er im newtonschen Raum gegeben ist (x,y,z). Ein Punkt des Euklid kann nur eines beschreiben, nämlich das Nichts im natürlichen Sinne, da es nur in der Natur nichts ohne Teile gibt. Nicht einmal im Vakuum finden wir nichts, sondern auch dort gibt es so genannte Quantenfluktuationen, also virtuelle Teilchen, die nur ganz kurz »leben«. Oder es beschreibt etwas, was es nur im »menschlichen« Geist gibt. Die bekannten Formen wie Linie, Quadrat, Dreieck, Pyramide sind Größen, die vorwiegend mathematisch-geistig erdacht sind, da sie auf der Definition des Punktes beruhen. Der überwiegende Teil der Städte und Dörfer hat sich bis ca. 1850 auf einem Wachstumsprinzip entwickelt und formte eine Geometrie, die bis ca. 1960 nicht bekannt war. Ein kleiner Teil der Städte wurde jedoch erdacht und stammt aus einer menschlichen Idee, einem geistigen Prinzip, das es zu erkennen und zu schützen gilt. Die Grundformen dieser Städte sind alle bekannt (Kreis, Quadrat usw.).

Gedacht

Wenn es ums Denken geht, assoziierten wir in der westlichen Welt sofort die Namen Aristoteles, Platon, Epikur, Pythagoras, Kant etc. pp. Dieses hat sich gewandelt, denn die Naturwissenschaften haben der Philosophie durch ihre beeindruckende Anwendungsmöglichkeit einen gewissen Gleichstand in der Betrachtung der Bürger gebracht. Glaubt man den Umfragen, wer der größte Denker des 20. Jahrhunderts sei, so wird der Physiker Albert Einstein mit weitem Vorsprung genannt. Durch seine Vorhersagen folgen die bisherigen geraden Lichtstrahlen nun dem aufgrund der Masse gekrümmten Raum. Raum und Zeit bilden nicht mehr die absoluten Größen, sondern sind über die Geschwindigkeit miteinander verbunden. Eine Uhr auf dem Mount Everest tickt langsamer als bei uns in Villingen. Die Formel $E=mc^2$ steht für die Atombombe und für die friedliche Nutzung der Kernkraft. Die Pythagoräer spalteten sich auf in die Mathematiker und die Akousmatiker, weil die Akousmatiker die irrationale Zahl der Wurzel 2 nicht akzeptierten. Während Mozart seine Werke aus dem Bewusstsein aufs Papier bringt und unverändert lässt, arbeitet Beethoven seine Werke in mehreren Jahren in verschiedensten Varianten harmonisch und melodisch aus.

Die Philosophie der Griechen prägt bis heute und wird immer unser Denken beeinflussen. Pythagoras` Lehrsatz (anscheinend ägyptischen Ursprungs) wird im Schulunterricht bzw. wurde auch in den vergangenen Jahrhunderten gelehrt. Seine musikalischen Kenntnisse und Vorgaben sind heute weniger bekannt, haben aber die musikalische Entwicklung bis Mersenne (pythagoräisch-temperiert) geprägt. Platons Ideenwelt regt zum Denken an. Bei den Goldenen Versen des Pythagoras wird man nachdenklich. Die Bergpredigt sollte Vorbild der christlichen Welt sein. Ein Musikwerk gehorcht gewissen Gesetzen. Rhythmik, Melodik, Harmonik bzw. welchem System die Töne gehorchen sollen. So, wie das ägyptische Seil mit 12 Knoten mit gleichem Abstand den pythagoräischen Lehrsatz repräsentierte und man damit die Feldgrößen für einen gerechten Ackerbau festlegen konnte, war, ist und wird die bekannte pythagoräische Gleichung auch in der Lage sein, komplexe astronomische Berechnungen zu ermöglichen. Wird man den Schwierigkeitsgrad der Werke von Mozart nicht mit Albert Einsteins Gedankengebäuden vergleichen können?

Bei Einstein weiß man, dass er rund 10 Jahre an der allgemeinen Relativitätstheorie gearbeitet hat. Wie lange er an der Formel $E=mc^2$ gearbeitet hat, ist unbekannt. Jedoch bringt er mit seiner Gleichung etwas in Form. Ebenso bringen Beethoven und Mozart ihre musikalischen Ideen in FORM, indem sie sie in einer Notenschrift festhalten, um sie später durch Musiker wiedergeben zu können. Die heutige Zeit bringt ihre Ideen auf die unterschiedlichste Art und Weise in Form. Rakete, Auto, Wecker, Atomkraftwerk, Fernseher, Radio, Musikstücke usw., natürlich auch Gebäude, vielleicht auch einen Stadtteil, den man als gedacht interpretieren kann, ein Wohn- oder Gewerbegebiet, aber niemals mehr eine »GANZE STADT«. Die Form einer gewachsenen Stadt oder eines gewachsenen Dorfes hat, wie wir gesehen haben, eine ganz bestimmte Struktur. Die Entwicklung eines Dorfes oder einer Stadt, ausgehend von einem 3-Wege-Knoten mit einer sich ergebenden Bebauung von Gebäuden, hat eine andere Qualität hinsichtlich der Komplexität, als wenn die Gesamtanlage einer Stadt geplant und durchdacht werden muss. Welcher Vergleich mit den musikalischen oder naturwissenschaftlichen Disziplinen möglich ist, wird man sicherlich nie messen können. Auf den topografischen Karten (M 1:25000) entdeckt man auch andere Strukturen, die sich offensichtlich von den gewachsenen Strukturen abheben.

Lässt man auf solch einer Karte seinen Blick über den mittleren Schwarzwald schweifen, so entdeckt man z. B. bei Freudenstadt, dass sich innerhalb der gewachsenen Struktur etwas hervorhebt, das anderen geometrischen Gesetzen gehorchte bei der baulichen Umsetzung. Man sieht eine quadratische Struktur, welche wahrscheinlich den Ortskern darstellt. In der Rheinebene – in Karlsruhe – ist es eine kreisförmige bzw. radiale Struktur, in Mannheim wiederum eine quadratische. Bei diesen Städten wissen wir, dass es sich hinter diesen historischen Stadtanlagen um gedachte, d.h. entworfene und geplante Stadtstrukturen handelt.

Bei diesen Städten wird deutlich, dass da ein Baumeister, ein Architekt oder Stadtplaner am Werk war. Ähnlich einer physikalischen Formel oder einer Komposition, sind beim Haus- und noch weit mehr beim Städtebau Randbedingungen zu beachten, um die Elemente eines Hauses oder einer Stadt richtig zuzuordnen. Dies ist klar an der Form Villingens zu erkennen, da sie gedacht ist, das es zu beweisen gilt. Welche Gedanken Mozart oder Einstein bei ihren Werken hatten, gegenüber ihren Schöpfungen hatten, wissen wir nicht. Dies wird uns auch nicht bei der Form Villingens gelingen. Vielleicht gelingt es uns aber, diese Form einem geistigen Akt zuzuweisen.

Gedachte Stadtstrukturen

Die Menschen, und zwar alle, brauchen Richtung und Orientierung. Dies war zu allen Zeiten so. Dies fängt an bei einem Rosenkranz, der in der Hand gehalten wird, um die Verbindung zu Gott sicherzustellen. In Griechenland gibt es blaue Steine, die den bösen Blick abhalten sollen. Manche finden ihr Seelenheil in der Anwendung von Kräutern. So, wie ein Stein, ein Kraut, ein Rosenkranz, eine Diagnose dem Einzelnen Richtung und Orientierung geben kann, so kann ein Baumeister oder Architekt Richtung und Orientierung einem Bauwerk oder einer Stadt geben. Künstler (Maler, Musiker, Bildhauer etc.) geben Richtung und Orientierung, denn sie zwingen zur Auseinandersetzung, ob es uns gefällt oder nicht. Waren die Pyramiden der Ägypter Abbild der damaligen Gesellschaftshierarchie?

Wer hatte diese Idee und war verantwortlich für den Bau der Pyramiden? Oder war die Stufenpyramide eine versinnbildlichte Treppe, auf der der tote Pharao in den Himmel steigt? Waren die ehemals goldenen Pyramidenspitzen Symbole der gebündelten Sonnenstrahlen, auf denen Pharao zu Re fährt? Oder aber war es nur ein einfaches bombastisches Grabmal, um die Ewigkeit des Herrschers darzustellen?

Es könnte aber auch ein Symbol sein, um die Unvergänglichkeit der geometrischen Ordnung darzustellen. Die Baukunst der Griechen – von Knossos über Mykene bis zur Hochphase unter Perikles mit der Athenischen Akropolis – fand allein in der Ausbildung der Säulen und Pfeilern einen Anspruch, der bis heute nicht erreicht ist. Welche Faszination geht aber von solch einem Bauteil aus? Ist dies nur Schönheit? Oder sind es die Legenden und Deutungen, die sich um solche Bauteile ranken. Warum wurde die kretische Säule von oben nach unten verjüngt und nicht wie die dorische und ägyptische von unten nach oben? In Mykene ist über dem Löwentor eine Szene verewigt, in der zwei Löwen sich auf einen Sockel stützend eine Säule beobachten. Vielleicht sollen sie sie auch bewachen? Welchen Grund gibt es, eine Säule zwischen zwei Löwen zu stellen? Was hat das für eine Bedeutung? Warum hat der Parthenon an der Schmalseite acht und an der

Längsseite 17 Säulen. Oder gilt die Doppelbesetzung als eine Säule und das Verhältnis zwei zu eins. Angeblich sollen doch gerade die Klarheit und die Harmonie diesem Tempel innewohnen.

Ein Verhältnis von 17 zu acht repräsentiert jedoch keine Klarheit und auch keine Harmonie. Die ersten christlichen Kirchen wurden als einschiffige Anlagen gebaut, um den Weg zu Gott zu markieren und aufzuzeigen. Die verschiedenen Stile im Laufe der Zeit von Frühchristlich über Romanik, Gotik, Renaissance bis heute haben dieses Thema in den verschiedensten Formen und Facetten baulich wiedergegeben. Eindrucksvollstes Beispiel in Deutschland ist der Kölner Dom, da er in einem Stil über die Jahrhunderte gebaut wurde. Das Villinger Münster hat zumindest zwei klar ablesbare Stile. Heute können wir nur sehr schwer nachvollziehen, was man bei der Ausgestaltung dieser zeitlich zurückliegenden Gebäude und Bauteile gedacht hat und was zu ihrer Form führte und was diese Form letztendlich repräsentierte. Was zu unserer modernen Architektursprache führte, waren im Wesentlichen drei Grundsätze der Moderne, nämlich: weniger ist mehr, die Form folgt der Funktion und der Anspruch auf Licht, Luft und Sonne. Die heutige Architekturlandschaft ist äußerst vielschichtig und mannigfaltig geprägt. Grob einteilbar in Dekonstruktivismus, Postmoderne und die verschiedenen Strömungen der wieder auflebenden klassischen Moderne. Die zurzeit praktizierte städtebauliche Handhabung geht zurück auf die von Corbusier angeregte Charta von Athen, in der gefordert wurde, dass die Stadtfunktionen getrennt werden sollen.

Dies wurde in der Baunutzungsverordnung umgesetzt, die für jede Bebauungsplanung in Deutschland als Grundlage dient. Gerade bei den großen Stadtgebilden sehen wir die Kerngebiete, die ausfransenden Wohngebiete im Randbereich der Städte und die hochverdichteten Gewerbe- und Industriegebiete. Was alles im Zusammenhang mit Architektur oder Städtebau gedacht wurde, können wir niemals verifizieren. Allenfalls besteht die Möglichkeit anhand von Randbedingungen, uns zu vergegenwärtigen, ob die bestehende Form, die wir untersuchen, gewisse Gesetzmäßigkeiten aufweist. Danach besteht die Möglichkeit, uns zu entscheiden, welchem Typ von Stadtform bzw. Stadtstruktur wir den Vorzug geben, wie die untersuchte Form zuzuordnen ist. Dies gelingt am eindrucksvollsten anhand heutiger Stadt-Formen, die sich entweder auf gewachsene oder gedachte Anfangsbedingungen der sich entwickelnden Stadt zurückführen lassen. Als erstes möchte ich mich auf Baden-Württemberg beschränken, in dem sich nach meiner Auffassung eine der eindrucksvollsten Stadtstrukturen befindet. Diese Auffassung bezieht sich sicherlich nicht nur auf Deutschland, sondern ganz zweifellos auch auf Europa. Welche Bedeutung könnte ein »geplanter« Kreuzraum als Stadt besitzen?

Karlsruhe

Die erste dieser schönen Städte bzw. dieser gedachten Struktur ist Karlsruhe (**B39**). Markgraf Wilhelm von Baden lässt Karlsruhe im 18. Jahrhundert als viertelkreisförmige Anlage, dem heute genannten Fächer, entstehen. Mittelpunkt dieser Kreisform ist der Schlossturm, von dem sich die Schlossanlage nach Süden unter einem Winkel von 90 Grad entwickelt. Begrenzt wird die Schlossanlage im Süden durch Nebengebäude wie Wohnhäuser, Speicher und Stallungen. Die ursprüngliche Anlage wird im Süden begrenzt durch eine Straße, die von Westen nach Osten verläuft und die die überregionale Anbindung der Schlossanlage sicherstellt. Wie bei Mannheim und Rastatt, so ist der Ausgangspunkt für die Stadtentwicklung Karlsruhes das Schloss, das durch den Fürsten selbst oder einen Baumeister geplant wurde. Solche Schlossanlagen benötigten immer auch Dienerschaft, Knechte, Gehilfen, Ratsschreiber, Bauleute bzw. Baumeister, die am besten in der Nähe des Schlosses untergebracht wurden. Aufgrund dessen kann man sicherlich zu Recht vom Beginn einer Stadt sprechen. Wie auch bei den gewachsenen Stadtstrukturen, hat sich die Stadt Karlsruhe entwickelt. Die beiden Strahlen, die unter 90 Grad vom Schlossturm nach Süden ausgehen, bilden mit der ersten südlichen Querverbindung (Ost-West) ein fast gleichschenkliges Dreieck. Dies war der erste ursprüngliche Bebau-

39 Karlsruhe,
Fächer mit Machtzentrale (Mittelpunkt)

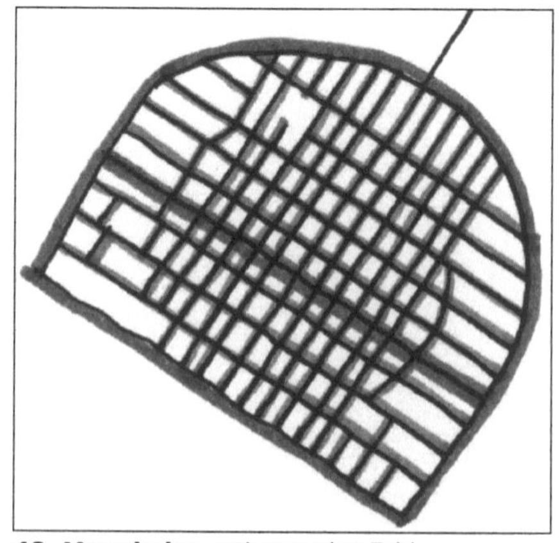

40 Mannheim, orthogonales Feld

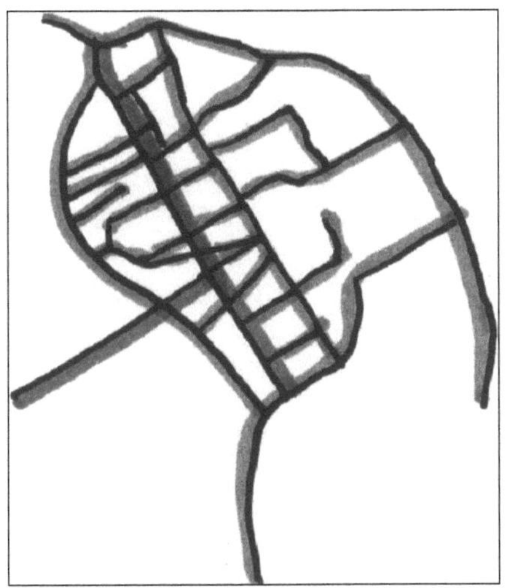

41 Rastatt, Blickachse zum Schloss

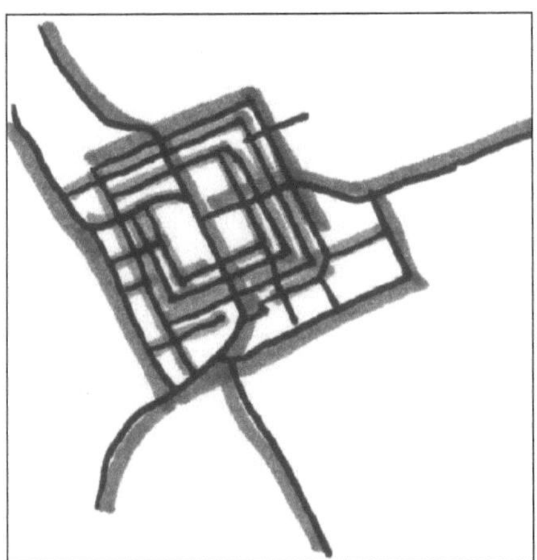

42 Freudenstadt, quadratischer Platz

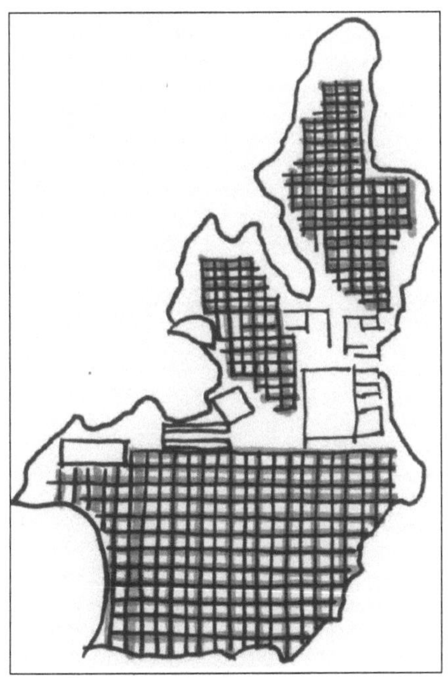

43 Milet, Raster Quadrat

ungsplan von Karlsruhe. Den restlichen 3/4-Kreis bildete der Grünbereich, der vorwiegend zur Jagd durch den Fürsten genutzt wurde. Die Skizze zeigt bewusst nur den unmittelbaren Bereich um die ursprüngliche städtebauliche Anlage. In einer topografischen Karte oder einem Stadtplan ist klar ablesbar, wie der Übergang von einer gedachten Stadtstruktur in eine gewachsene Stadtstruktur sich vollzieht und wie sich diese Übergänge gegenseitig zeigen. Eine Eigentümlichkeit fällt auch in Karlsruhe auf. Wenn man sich innerhalb des Kreises auf die Bebauung konzentriert, stellt sich doch die Frage, wie man entlang dieser Strahlen (Straßen) zu bauen hat. Die heute noch ablesbare, ursprüngliche Bebauung richtete sich unmissverständlich an dem radialen System des Kreises aus. Wenn man nun die Bebauung im rechten und linken äußeren Kreis untersucht, so fragt man sich, warum man in einem radialen System eine orthogonale Bebauung zuließ. Es war die Zeit, als man den Architekten beibrachte »Wenn der Architekt nichts mehr weiß, dann macht er einen Kreis«. Solche Dogmen und Sprüche, auch vertreten von einzelnen Schulen, führten zu dieser überheblichen und egozentrischen orthogonalen Bebauung dieser einmaligen radialen Stadtanlage. Egozentrische Nachplapperer, die die Bedeutung von Baukunst nicht sehen und mit ihrem sogenannten Schaffen die Einmaligkeit einer Stadt zerstören. Es ist darauf zu achten, wie die ursprüngliche Bebauung im südlichen Bereich weitergeführt wurde. Dies ist jedoch nur anhand eines Stadtplanes oder einer topografischen Karte erkennbar.

Mannheim

Mannheim **(B40)** wird ab 1698 im bis heute erhaltenen schachbrettartigen Grundriss wieder aufgebaut. Wie Karlsruhe, gründet es auf einer fürstlichen Anlage, der Kurpfalz, von der aus sich die Stadt entwickelt. Auf der Südostseite befindet sich das Schloss. Die Kontur der Anlage ist klar ablesbar, geometrisch ist die Anlage als Rechteck mit aufgesetztem Halbkreis zu definieren, die dann orthogonal durch das Straßensystem gegliedert ist. Die Stadt entwickelt sich weiter, indem versucht wird, ebenfalls geometrische Strukturen weiterzuführen, was jedoch nur in der engsten Umgebung der Altstadt gelingt. Je weiter man sich vom Zentrum entfernt, werden die Gesetzmäßigkeiten der gewachsenen Struktur auch in Mannheim deutlich.

Rastatt

Ebenfalls wie Mannheim und Karlsruhe gründet die planmäßige Anlage von Rastatt **(B41)** auf einen Grafen, nämlich den Markgrafen von Baden, der Rastatt im 18. Jahrhundert anlegt. Eine Eindeutigkeit wie in Karlsruhe oder Mannheim ist in Rastatt nicht zu erkennen, wobei die gewachsene Struktur sich ebenfalls wieder zeigt, je weiter wir uns vom Zentrum, nämlich dem Schloss, entfernen.

Freudenstadt

Charakteristisches Merkmal für die städtebauliche Anlage Freudenstadts **(B42)** ist ein großer, fast quadratischer Platz, um den sich blockartig die Bebauung schließt. Diese Bebauung wird in drei Schichten fortgeführt, so dass die Planstadt Freudenstadt dadurch ablesbar und erkennbar wird bzw. bleibt. Auch in Freudenstadt sieht man die Auflösung aus der gedachten in die gewachsene Stadtstruktur.

Milet

Eine schachbrettartige quadratische Straßenführung kennzeichnet Milet **(B43)**. Die äußere Form wird durch eine Küstenlandschaft geprägt. Diese amorphe Form ist jedoch vor der Stadtgründung vorhanden. Die gedachte Stadt passt sich gerade nicht dieser Form an. Bei einer gewachsenen Stadt bildet sich diese Form.

Knidos

Knidos **(B44)** ist klar als Rechteckform ablesbar. Unterstützt wird diese Stadteinteilung durch rechteckige Wohnblocks.

Kyoto

Kyotos **(B45)** äußere Form ist als Rechteck zu erkennen. Bedeutsam sind die unterschiedlichen Größen und Formen der Baublöcke. Rechtecke wechseln sich ab mit zweierlei großen Quadraten.

Manhattan

Unterschiedliche Vertikalbreiten und gleiche Horizontalbreiten ergeben für den Stadtgrundrissausschnitt Manhattans **(B46)** verschiedenartige Baublockgrößen, die alle jedoch als Rechteck zu definieren sind.

Zusammenfassung

Alle genannten und aufgezeigten gedachten Stadtstrukturen lassen eindeutige euklidische geometrische Formen erkennen. Kreis- und Dreiecksform in Karlsruhe, Halbkreis mit zusammengesetztem Rechteck in Mannheim, zwei Rechtecke in Rastatt, allerdings nicht so deutlich ausgeprägt, sowie das Quadratmuster in Freudenstadt. In allen gedachten Städten sieht man, dass das Straßensystem in erster Linie der geometrischen Grundform folgt und meist orthogonal angelegt ist, das heißt, die Straßenzüge sind gerade und die sich kreuzenden Straßen stehen im rechten Winkel aufeinander (Ausnahme Karlsruhe, Radialstruktur). Die Haupt- und Nebenstraßen folgen dem gleichen geometrischen Muster. Das äußere Erscheinungsbild wird ebenfalls durch die gewählte euklidische Geometrie wiedergegeben (Quadrat, Kreis, Rechteck).

Somit ergeben sich an den gezeigten Stadtstrukturbeispielen sechs Elemente für eine gedachte Stadt. Dies gilt in der Regel bis zum Jahr 1850. Durch das Badische Fluchtliniengestz beginnt in Baden die Stadtplanung, die dann auch in anderen deutschen Ländern angewandt wird. Auch bei den gedachten Städten gilt, dass nicht alle Elemente in gleicher Weise vorhanden und ausgeprägt sind. Es gilt bei den gedachten Stadtstrukturen wie bei den gewachsenen Strukturen, dass nicht jedes der sechs Teileelemente vollständig ausgebildet sein muss. Vielmehr ist ein vollkommen ausgeprägtes Gebilde eher die Ausnahme und wäre nur ablesbar am Originalplan. Die nachhaltigste Darstellung dieses Buches sind die Elemente der gewachsenen zur geplanten Stadt, die man in zwei verschiedene Bereiche der Mathematik einordnen kann.

Die Geometrie des Chao's und die Geometrie des Euklid. Dadurch erhalten insbesondere die Geometrien der mittelalterlichen Städte eine andere Dimension. Gerade Villingen ist ein zentrales Beispiel, wie die Darstellungen über die Stadtgeometrie, den Beginn der Stadt, aus den verschiedenen Disziplinen dargestellt wird. Dabei müssen sich diejenigen ihrer Verantwortung bewusst sein, die Villingen als gewachsen proklamieren. Wäre Villingen allerdings erdacht, würde es einen bedeutenden baukünstlerischen Charakter besitzen.

Die sechs Merkmale einer gedachten Stadt
(beruhend auf euklidischer Geometrie):

– euklidsche äußere Form (Quadrat, Kreis, Oval)

– euklidsche innere Struktur (Netz, Raster)

– die Hauptstraßen folgen dieser Struktur (Linien)

– die Nebenstraßen folgen dieser Struktur (Linien)

– Vierecke als Grundstücksform (Rechteck, Quadrat)

– gerade Straßen (Linien, Geraden, Strecken)

Für Villingen ist auch die Formstabilität und Erhaltung der äußeren Form als Merkmal zu sehen.

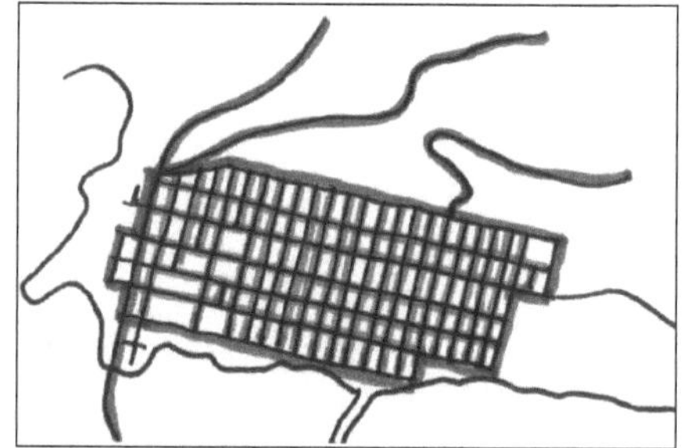

44 Knidos, Raster Rechteck

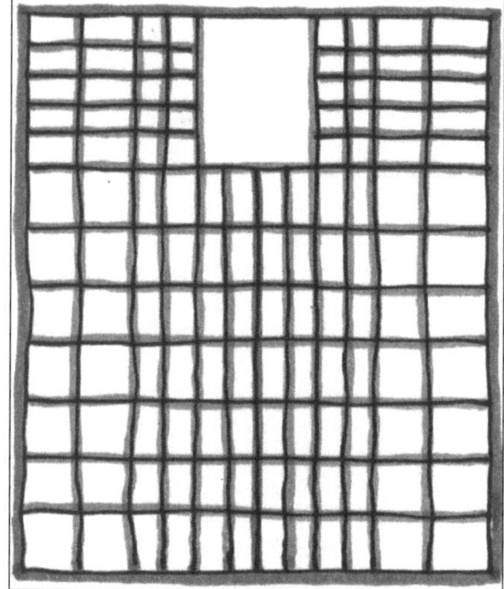

45 Kyoto, äußere Form und inneres Raster, Rechteck

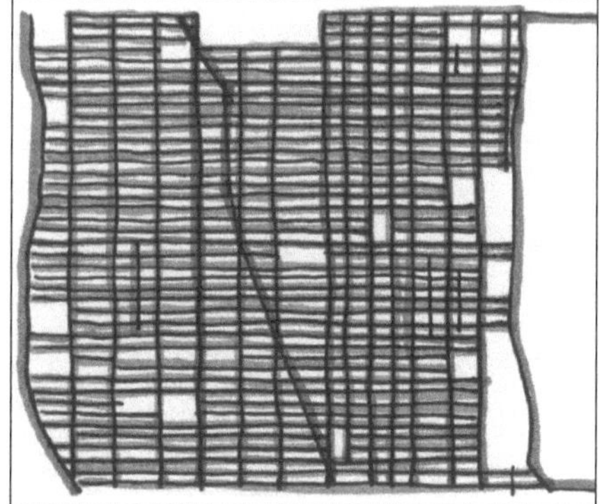

46 Manhattan, Raster Rechteck

Weiche deiner
Verantwortung nicht aus:
setze dich mit der Form
auseinander.
In ihr wirst du den
Menschen wiederfinden.

Luigi Snozzi

Villingen (Kernstadt). Gewachsen oder gedacht?

817

Villingen wird in der Urkunde von 817 gemeinsam mit 45 Mansen (Hofgütern) bzw. mit 26 Orten genannt. Die formstrukturelle Entwicklung dieser 26 heutigen Dörfer und Städte haben wir an 26 Beispielen beschrieben bzw. aufgezeigt. Villingen von 817 lag auf der Ostseite der Brigach am heutigen Friedhof. Das einzige Gebäude, das heute noch existiert, ist der Turm der Altstadtkirche aus dieser Zeit. Somit sind zwei Orte mit dem Namen Villingen nachweisbar. Welche Formstruktur dieses »Alt-Villingen« besaß, können wir heute nicht mehr sagen, jedoch ist mit einer Wahrscheinlichkeit von 1/26 damit zu rechnen, dass »Alt-Villingen« eine gewachsene Formstruktur besaß.

Der Unterschied zwischen gedachten und gewachsenen Strukturen liegt wie oben gezeigt in den verschiedenen Geometrien. Ob um 817 der jeweilige Ort zwei, 15 oder 43 Gebäude besaß, ist unerheblich, denn es zählt einzig und allein das Ergebnis des Entwicklungszuschnittes, der Entwicklungsstruktur und der Form, welche sich bis heute entwickelte. Dass Villingen von den gemeinsam in der Urkunde genannten und untersuchten Orten, Dörfern und Städten eine andere Stadtgeometrie besitzt, siehe auch Bild 49, ist offenkundig. Was aber war der Grund, was war der Anlass? Was könnte der Anlass gewesen sein? Die Idee für einen Plan? Die Idee für einen Stadtplan?

999

Die Ausführungen über das Jahr 999 muss der Leser behutsam interpretieren, da ein großer Teil Vermutungen von mir sind. Gleichzeitig muss er sie planerisch und ideenhaft in Beziehung setzen zu der Form, die Villingen heute noch besitzt, und abgleichen, ob Villingen gedacht oder gewachsen ist. Kommt er zu dem Schluss, dass Villingen erdacht ist, stellt sich die Frage nach dem geistigen und ideellen Hintergrund. Über Graf Berthold wurde viel geschrieben, gleichzeitig ist aber über ihn recht wenig authentisches Material vorhanden. Eine Überlieferung wäre jedoch für ihn bezeichnend. Angeblich sei Berthold mit der Marktrechtsurkunde dafür belohnt worden, dass er wieder einen Kaiser Otto III. wohlgesonnenen Papst einsetzte. Denn zur damaligen Zeit wurde der von Kaiser Otto III. eingesetzte Papst von Crescentius abgesetzt. Graf Berthold erhielt angeblich den Auftrag, diesen nicht gewünschten Papst aus seinem Amt zu drängen.

Die Legende deutet an, dass Graf Berthold den amtierenden Papst rücklings auf einem Esel durch Rom reiten ließ. Vorher wurden ihm die Ohren und die Zunge abgeschnitten. Dies zeigt, dass Berthold ein Mann der Tat war und für diese Tat erhielt Berthold ein Privileg. Ist es deshalb nicht möglich, dass Berthold Pläne schmiedete, wie er dieses Marktrechtsprivileg von Kaiser Otto III. umsetzen konnte, wie er es nutzen konnte? Was konnte man zu damaliger Zeit mit einem solchen Privileg anfangen? Was war ein Marktrecht, die Einrichtung einer Münze und das Recht, Zölle zu erheben, was war dies Wert? Was war notwendig, damit man diese Rechte auch umsetzen konnte, und zwar optimal umsetzen konnte? Wie konnte man dieses Privileg nutzen?

Versetzen wir uns zurück in das Jahr 999. Kaiser Otto III. verleiht dem Grafen Berthold ein Privileg, »*die Erlaubnis und die Gewalt, seinem Flecken Villingen einen öffentlichen Markt mit Münze, Zoll und der öffentlichen Gerichtsbarkeit auf Dauer einzurichten. Gleichzeitig wird dem Grafen Berthold auferlegt, dass folgendes zu beachten ist: Jeder, der den besagten Markt aufsuchen will, möge sicher und in Frieden dorthin gehen und auch wieder weggehen. Ohne Unrecht, Schaden oder Verlust befürchten zu müssen, soll er seine Geschäfte wahrnehmen, sei es Handel, sei es An- und Verkauf, oder welches Treiben zu diesem Handel gehören mag. Und jeder, der diese hiermit festgelegte Ordnung des Besagten Marktes auf irgend eine Weise zu verletzen, zu stören oder zu brechen sich anmaßen sollte, muss wissen, dass er dafür gemäß unserer öffentlichen Gerichtsbarkeit eine Summe als Buße zu erlegen hat. Der Soeben genannte Graf soll im übrigen nicht nur das Recht haben, den Markt in seinem Besitz zu halten, sondern es sei Ihm auch gestattet, diesen weiterzugeben...«*

Welche Elemente besitzt dieses Privileg? Welche Randbedingungen ergeben sich daraus? Erlaubnis zur Gewalt, öffentlicher Markt, Erlaubnis zum Gelddrucken (Münze), Zoll (Zusatzeinnahme), öffentliche Gerichtsbarkeit, Sicher, Ruhe, Frieden, Unrecht, Schaden, Verlust, Handel, An- und Verkauf, zugehöriges Treiben, Buße, Vererbung des Marktes. Dieses Privileg des Berthold ist die Errichtung eines Kleinstaates im Staat und gleichzeitig ein Raumprogramm für eine Stadt. Berthold besitzt die Erlaubnis, die Gewalt, sicherlich auch die Möglichkeit, einen Markt zu errichten. Dies bedeutet, dass wenn er beabsichtigt, dieses Privileg umzusetzen, jedem, der sich ihm widersetzt, mit Gewalt entgegenwirken kann. Einer, der auf Geheiß seines Kaisers nach Rom reitet und dem Gegenpapst das Ohr und die Zunge abschneidet und ihn rücklings aus Rom treibt, der wird Gewalt gegen jeden anwenden, der sich gegen die Errichtung des Marktes stellt. Was ist notwendig für einen öffentlichen Markt? Was wird dort verkauft? Wie funktioniert ein öffentlicher Markt?

Um einen Markt abzuhalten, bedarf es eines sicheren Platzes oder einer sicheren Straße, damit die Händler ihre Waren anbieten können. Verkauft werden die Waren, die von der umliegenden Bevölkerung benötigt werden. Ein öffentlicher Markt funktioniert wie heute durch Angebot und Nachfrage. Der größte Gewinn wird erzielt, wenn Produzent, Händler und Zwischenhändler eine Person sind. Um eine Münze sicher betreiben zu können, ohne damit rechnen zu müssen, überfallen und ausgeraubt zu werden, bedarf es höchstmöglicher Sicherheit.

Sicherheit zur damaligen Zeit stellt man her, indem man sich einmauert. Damit Zölle erhoben werden können, bedarf es einer klaren Grenze mit festen und gesicherten Über- und Durchgängen. Wie wird eine Stadtgrenze mit Durchgängen erstellt? Die öffentliche Gerichtsbarkeit bedarf einer festen Ordnung, an der sich die Menschen ausrichten können. Unsere heutige höchste staatliche Ordnung ist das Grundgesetz und damit die Unantastbarkeit der Würde eines jeden Menschen. Gibt es ein Ordnungssystem im Stadtgrundriss, das auf eine höhere Ordnung hinweist? Die damalige Ordnung für diesen Marktflecken waren Sicherheit, Ruhe und Frieden für den Handel, den An- und Verkauf und das zugehörige Treiben. Wie stellt man Sicherheit, Ruhe und Frieden her?

In Ungnade fällt, wer Unrecht, Schaden und Verlust gegen den Handel und An- und Verkauf ausübt. Derjenige wird mit einer Buße belegt, die er an den Grafen zu entrichten hat. Der Graf hat ebenso das Recht, diesen Markt zu vererben. Dieses sind die Bedingungen die dieser Markt erfüllen darf bzw. muss, wenn er das Privileg von Kaiser Otto III. erfüllen und umsetzen will:

- Marktplatz bzw. Marktstraße
- Warenverkauf für die umliegende Bevölkerung
- Angebot und Nachfrage, Gewinn
- Sicherheit für die Münze
- klare Grenze mit festen und gesicherten Übergängen für den Zoll
- übergeordnetes ablesbares Ordnungssystem
- sicher, ruhig und friedlich handeln
- keiner darf Unrecht, Schaden und Verlust erleiden
- wer dagegen verstößt, zahlt Buße
- Vererbung des Marktes

Ob Berthold oder ein ihm bekannter Architekt oder Baumeister dieses teilweise Raum- oder Funktionsprogramm in einen Plan umgesetzt hat, ist offen. Ein übergeordnetes Ordnungssystem war genauso wichtig zur Verlegung der Stadt, wie die Schaffung von klaren Zugängen, einer Marktstraße mit einem friedlichen Handeln. Alle diese Randbedingungen sind noch heute im historischen Villingen ablesbar. Ein weiterer entscheidender Grund für die Verlegung der Stadt war das Wasser der Brigach. Nicht, wie man glauben mag, allein wegen der Hygiene und dem Festungsgedanken und weil es damals in den mittelalterlichen Städten zum Himmel stank, sondern als Produktionsgrundlage des sich ansiedelnden Handwerks. Die bisherigen wissenschaftlichen Untersuchungen ergaben, dass die Landwirtschaft allein die tragende Säule der »Ackerbürgerstadt Villingens« gewesen sei. Wie funktioniert aber Landwirtschaft und Markt um das Jahr 1000? Kommen die Bürger aus der Umgebung Villingens, um in der Stadt auf dem Markt landwirtschaftliche Erzeugnisse zu kaufen? Ist es nicht vielmehr so, dass die damals um Villingen siedelnde Bevölkerung Landwirtschaft betrieb und der Absatzmarkt für landwirtschaftliche Erzeugnisse äußerst dürftig war? Konnte man mit landwirtschaftlichen Erzeugnissen wie Eier, Milch, Fleisch etc. allein einen Markt betreiben? Ist es nicht so, dass bis heute die Handwerkszünfte ihre Herkunftszeichen in der Stadt hinterließen – einerseits durch Fundstücke, andererseits durch Namen. Gerber, Weber, Färber, Hafner und Zunftstube sind die Namens- und Raumzeugnisse.

Um 1500 kannte man 10 Handwerkszünfte mit 34 Untergliederungen. Um 1294 treten die Handwerkszünfte zum ersten Mal in den schriftlichen Überlieferungen auf. Das Villinger Tuch war um 1300 der wichtigste Wirtschaftszweig und wurde wahrscheinlich später abgelöst durch die Hafner (Hans Kraut). Die Landwirtschaft war somit Grundbestandteil und Rohstoffproduzent für die Handwerkszweige Gerber, Färber und Weber etc. Das Wasser, das durch das produzierende Handwerk benötigt wurde, damit der Markt funktionierte, war wesentlicher Mitgrund, weshalb Villingen an dieser Stelle errichtet wurde. Zwar floss bei der Alt-Stadt ein kleiner Bach, der konnte jedoch die Wassermengen, die vom Handwerk benötigt wurden, nicht transportieren. Ein nicht zu übersehender Grund ist die bessere Brandbekämpfung in der Nähe eines Flusses und die Einleitung des Wassers in die Stadt. Die Umsetzung der o. g. Bedingungen in ein Raum- und Funktionsprogramm einer Stadt ergeben die städtebauliche Formstruktur von allein, wenn man die Formideale und die Symbolhaftigkeit der damaligen Zeit mit diesen Bedingungen bzw. Funktionen verbindet. In zahlreichen Darstellungen ist das übergeordnete Ordnungssystem zu erkennen, nämlich das Kreuz. Wer dieses Kreuz des Christentums aufnimmt, der wird erlöst.

Bibelstellen

erniedrigte er sich selbst und wurde gehorsam bis zum Tod, ja, zum Tod am Kreuz.
Philipper 2,7–9

und wer nicht sein Kreuz aufnimmt und mir nachfolgt, ist meiner nicht würdig.
Matthäus 10,37–39

Dann sprach Jesu zu seinen Jüngern: Wenn jemand mir nachkommen will, der verleugne sich selbst und nehme sein Kreuz auf und folge mir nach.
Matthäus 16,23–25

Diese von anderen zahlreichen Textstellen sind nicht erst seit heute bekannt, sondern waren sicherlich nicht nur im Bewusstsein der damaligen herrschenden Klasse, sondern auch in dem der Bevölkerung. Die Zeit Ottos des III. war eine Epoche großer Ideen und großer Perspektiven. Für das Jahr 1000 wurde das Weltende proklamiert, die Wiederkunft Christi und das Jüngste Gericht. Ist es deshalb nicht denkbar, dass man in dieser Zeit eine religiöse, eine christliche Stadt idealisiert, entwickelt und baut, die die Erlösung des Menschen verspricht? Ein Kreuzraum, in dem daran erinnert wird, dass jeder sein Kreuz aufzunehmen hat, wenn er »IHM« würdig sein will. So wie unsere Zeit durch die Moderne geprägt ist, so war um das Jahr 1000 Europa durch das Christentum geprägt. Kommen wir zu dem Schluss, dass diese Stadt erdacht, geplant und nach einem Plan gebaut wurde, wäre es ohne Zweifel denkbar, dass Graf Berthold oder einer seiner Nachfolger diese Stadt Villingen aus einer christlichen Idee geboren hat.

Warum?

– Die bestehende Stadt wird aufgegeben (jetziger Friedhof).

– Die erweiterten wirtschaftlichen Möglichkeiten (Handwerker) versprechen Wohlstand.

– Das zur Produktion notwendige Wasser ist am neuen Standort.

– Die »Neue Stadt« besitzt eine gedachte Stadtstruktur.

– Das Marktrecht mit seinen Bedingungen wird in der Stadt baulich umgesetzt.

– Das übergeordnete Ordnungssystem des Kreuzes verspricht Erlösung.

– Graf Berthold besitzt den Willen und die Macht, die Stadt zu verlegen.

Dies sind sicherlich die sieben wesentlichen Grundbedingungen, die für eine planerische Umsetzung, für den Bau von Villingen in Frage kommen. Anhand des heutigen Grundrisses werden Details aufgezeigt, die diese Randbedingungen noch untermauern.

1800

Die Gedanken, die zu einer Ideenfindung zur Stadtgestalt führen konnten, wurden im vorigen Kapitel aufgezeigt. Die Figur Villingens hat sich in den 800 Jahren nicht wesentlich geändert, weshalb wir uns auf den Prozess konzentrieren, in dem Villingen wesentliche Teile seiner Stadtbauelemente verlor. Die ersten bildlichen Darstellungen Villingens stammen aus dem 16. Jahrhundert. Der eindeutigste und genaueste historische Grundrissplan wird dem Festungsbaumeister Gumpp **(B47)** von 1692 zugeschrieben. Der den Tortürmen vorgelagerte Erker, die Wallanlage, das Niedere Tor, all dies ist auf dem Originalplan von Gumpp zu sehen. Der Grundrissplan von Martin Blessing **(B48)** aus dem Jahre 1806 und ein Grundrissplan aus dem Jahre 2000 **(B49)** dienen zur Beschreibung der vollständigen Stadtgestalt, die um das Jahr 1800 noch vorhanden war. Hier ist festzustellen, wie genau gerade Gumpp bei der Fertigung des Umrisses gearbeitet hat. Villingen ist bis rund 1800 als vollständiges und einmaliges Stadtgebilde vorhanden. Die Stadtgrundrisse von Gumpp, Blessing und einem heutigen aus dem Jahre 2000 markieren eine Zeitschiene, in der wir erkennen können, dass Villingen eine Formstabilität besitzt, die in gewachsenen Stadtstrukturen nicht vorhanden ist, denn dort sind insbesondere die Ränder einem dauernden Formwechsel unterworfen.

Die momentan diskutierte Zwischenstadt im Stuttgarter Bereich gründet meiner Ansicht nach auf fraktalen Prozessen, die sich im Laufe der Zeit automatisch schließen werden. Ein Eingriff würde nur diesen Formbildungsprozess verfälschen. Die rechts gezeigten drei Grundrisse werden auf das Jahr 1800 fokussiert, um die Stadt in ihrer vollständigen Ausformung zu beschreiben. Villingen ist im Zeitalter der Romanik erbaut. Sicherlich hat Freiburg vielleicht die schöneren und schmuckvolleren Tore, aber gerade das macht Villingen aus. Der Vergleich zwischen einer dorischen und korinthischen Säule gegenüber den beiden Torgestaltungen von Villingen und Freiburg drängt sich geradezu auf. Der Spruch des »weniger ist mehr« ist auch auf Villingen gegenüber Freiburg anzuwenden. Die vier Glieder der Stadt: das klare Straßensystem mit dem Hauptkreuz, die Kleinteiligkeit der Hausgruppen bzw. Parzellen, die Großbauten der Kirchen und Klöster im Kontext der sie umgebenden Gebäude, die äußere Form als Oval. Dies kann nicht über mehrere Jahrhunderte gewachsen sein. Für die klare Abgrenzung der Villinger Stadtgestalt zwischen gedacht und gewachsen müssen wir vom Ganzen ausgehen und zu den Einzelelementen zurückführen, die diese Stadt ausmachen. Gleichzeitig ist es wichtig, sich an die 26 Dorf-Stadt-Strukturen zu erinnern, mit denen Villingen im Jahre 817 genannt wurde und die sich bis zu einem gewissen Zeitpunkt gemeinsam entwickelt haben und ab einem gewissen Zeitpunkt verschiedene Formen annahmen. Schon allein aus der Betrachtung der Stadtgrundrisse sind elementare Unterschiede zwischen den 26 Orten und Villingen zu erkennen. Wesentliches Unterscheidungsmerkmal sind die verschiedenen Geometrien. Die dargestellten vier badischen Planstädte, einschließlich der weiteren bekannten Planstädte, sind aufgebaut mittels der euklidischen Geometrie und den aufgezeigten sechs Erkennungsmerkmalen. Wachstumsstrukturen einer Stadt, die sich über mehrere Jahrzehnte bzw. Jahrhunderte entwickeln, gehorchen – wie gezeigt – anderen Gesetzen und entwickeln

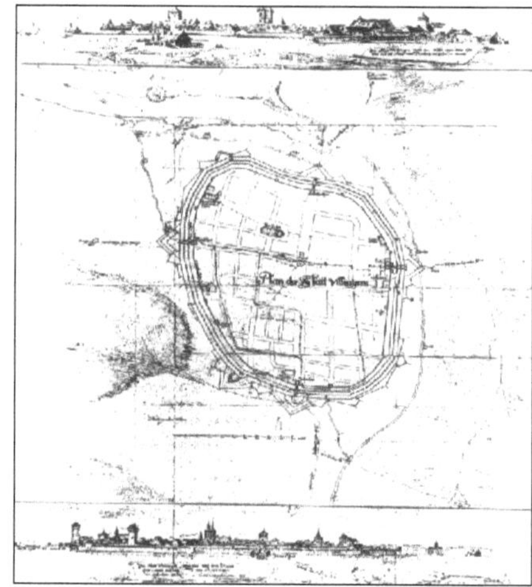

47 Villingen
(Festungsbaumeister Gumpp),
Formstabilität seit 1692
gemessene Struktur (Verteidigung)

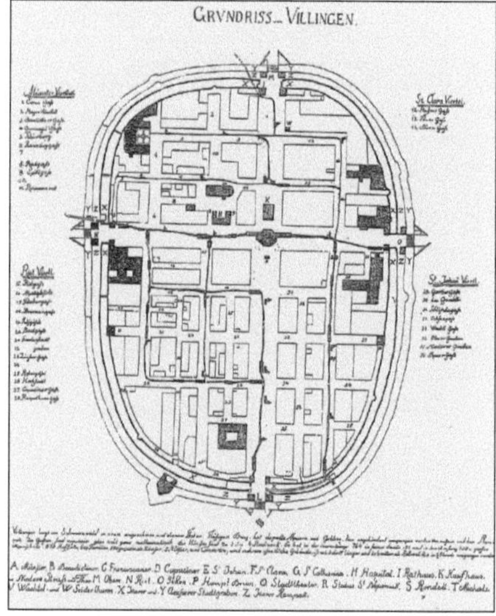

48 Villingen (Blessing),
erlebte Struktur (1806)

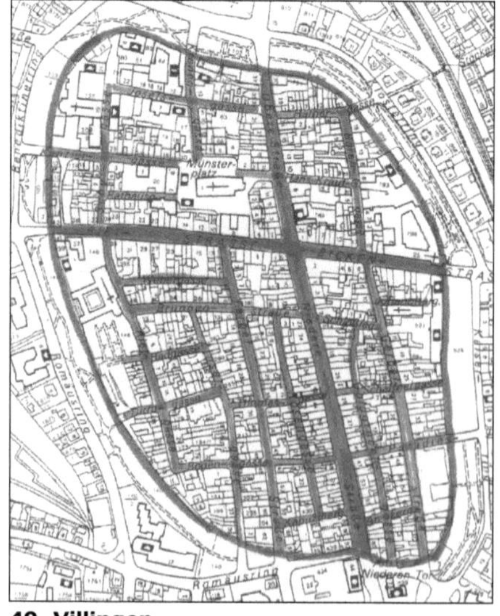

49 Villingen,
städtebauliche Hauptmerkmale

ebenfalls eindeutige Erkennungsmerkmale. Einige Details in der Stadtstruktur Villingens sind so ausgeprägt, dass sie nur auf eine geplante Stadt als auf eine gewachsene Struktur zurückzuführen sind. Diese werden im Anschluss aufgezeigt. Gleichzeitig deuten einige Randbedingungen darauf, dass Villingen keinesfalls aus einem gewachsenen Ort entstanden sein kann. Auch dies werden wir in die nachfolgenden Betrachtungen aufnehmen bzw. damit beginnen.

> *Das Wesen des Raumes spiegelt wider,*
> *was dieser sein will.*
> *Louis Kahn*

Grundriss

Der Grundriss, siehe **(B49)**, ist das wichtigste Element eines baulichen Entwurfes, denn wir bewegen uns nach Fertigstellung der Stadt auf ihm und durchschreiten den von ihm vorgegebenen Raum. Aus der Fläche des Grundrisses werden durch den Schnitt die Höhenentwicklung und die Gliederung des Materiellen, das sich zwischen den Dingen wie Wände und anderen Materialien ergibt, festgelegt. Die Außenwand schließt den Außenraum mit dem Innenraum ab und gliedert gleichzeitig die beiden Räume. Dies gilt für ein Haus, eine Stadt oder ein sonstiges Objekt. Jegliche Änderung im Grundriss hat Konsequenzen, die nicht immer sofort erkannt werden. Auch in der heutigen Zeit. Ansichten von Häusern, aber auch von Städten, dienen der Anschauung und können eher verfälschen, als dies ein Grundriss zulässt. In den beiden Grundrissen von Blessing und Gumpp ist die Stadtanlage noch vollkommen erhalten. Die vollständig erhaltene Stadtmauer mit vorgelagertem »Rampun« mit innerem und äußerem Stadtgraben. Den Toren vorgelagerte Erker. Das Niedere Tor, das Bügeleisen etc. Die Stadtbäche, die am Niederen Tor zusammengeführt, wieder in die Brigach fließen. Die Einzelelemente des Villinger Stadtgrundrisses sind:

Oval

Die Stadt ist in ihrer äußeren Gestalt **(B50)** klar erkennbar, nämlich als Oval mit einer eindeutigen, nach außen sichtbaren Grenze. Verästelungen im Randbereich sind nicht erkennbar. In der gewachsenen Stadt ist die äußere Form amorph. Dies ist gekennzeichnet durch zahlreiche Ein- und Ausbuchtungen. Bei Villingen ist dies nicht der Fall. Die Form ist »rund«. Am Oberen Tor ist eine Eigentümlichkeit in dieser äußeren Form. Die Stadtmauer schwenkt zuerst anstatt nach Süd-Westen nach Nord-Westen, um dann später die eigentliche Richtung aufzunehmen. Die ursprüngliche Form wird durch ein Zwei-Mauern-System mit dazwischenliegendem Wassergraben gebildet. Die innere Mauer ist noch teilweise vorhanden. Sicherlich wurde dieses Mauernsystem als Verteidigungs- bzw. Festungsanlage gebaut, das jedoch im Einklang mit der Gesamtstadt geplant war.

> *Ich wage zu behaupten, dass die Architektur und der*
> *städtische Raum eine symbolische Denkweise verlangt.*
> *Kenzo Tange*

Kreuz

Das Kreuz **(B51)** dient als übergeordnetes Bezugssystem und gliedert das Oval in vier verschieden große Bereiche, in denen einerseits das Handwerk und andererseits die Oberschicht angesiedelt waren. Die das Kreuz bildenden Straßenräume sind klar als Hauptstraßen zu erkennen und formen den christlichen Raum dieser Stadt. Die Symbolik des Kreuzes wurde seit ältesten Zeiten immer wieder verwendet und diente als Sinnbild des Leidens, da die Ursache aller Qualen die Wirklichkeit der Welt ist. Bis heute wird es gerade durch die Christen als bedeutungsvolles Zeichen getragen. Auch

50 Villingen, äußere Form oval

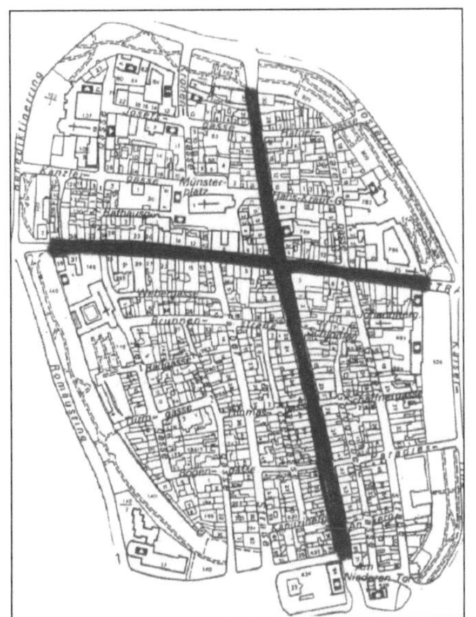

51 Villingen, idealisiertes Kreuz
Straßenkreuz als übergeordnetes Zeichen

andere Institutionen wie das Rote Kreuz und die Armeen tragen Kreuze als Erkennungszeichen oder zur Auszeichnung. Gegenstand der Kunst wurde das Kreuz durch die Darstellung des Gekreuzigten, nachweisbar seit dem 5. Jahrhundert nach Christus, und zwar auf der Holztür von S. Sabina in Rom. Im Kreuzigungsrelief **(B52)** von Münchenwiler sehen wir das Kreuz nicht in einer positiven Ausbildung, wie sie in den meisten Darstellungen des Kreuzes sichtbar wird, sondern als Negativform. Das Kreuz selbst wird zu einem Raum, einem Kreuzraum, in dem Christus aufgebahrt ist. Der Villinger Kreuzraum hat vielleicht dieselben ideellen Ursprünge. In den vorgenannten Textstellen der Bibel, die auch um das Jahr 1000 bekannt waren, wird die Symbolik des Kreuzes bewusst. Der Villinger Stadtgrundriss wird in 4-Viertel-Orte geteilt. Davon hieß einer Christenort. Die Namensnennung geht zurück auf das Jahr 1380.

Bebauung

Die Bebauung, **(B49)**, ist in den vier Stadtvierteln klar ablesbar. Die vier Hauptstraßen und die Nebenstraßen geben mit ihren Fluchten die Stellung der Gebäude zum Straßenraum vor. Das Münster im nordwestlichen Viertel ist freigestellt und ist mit Abstand das größte und bedeutungsvollste Gebäude in Villingen. Die umgebende Bebauung lässt einen Freiraum zum Kirchengebäude. Darauf folgen die Klostergebäude, die sich jeweils am Ende der vier Hauptstraßen situiert haben. Die Tortürme bilden jeweils den Raumabschluss der vier Hauptstraßen. Die Gebäudehöhen staffeln sich nach den Straßenhierarchien. Das Münsterviertel mit der Kirche ist der Oberschicht und dem Klerus vorbehalten. Außerdem war in diesem Stadtquartier die Münze angesiedelt. Im Straßensystem sind drei Ordnungen abzulesen.

Straßensystem

Die beiden Straßen, die das Hauptstraßenkreuz bilden, stehen an erster Stelle in ihrer Bedeutung. Die Riet-/Bickenstraße ist 5 Grad zur Ost-West-Achse geneigt. Die Niedere/Obere Straße ist mit 13 Grad aus der Nord-Süd-Achse gedreht. Diese beiden Straßenfluchten sind am breitesten in Villingen und bilden die vier Hauptstraßen **(B53)**. Zu jeder der beiden im Winkel von rund 73 Grad stehenden Straßenverbindungen ist ein Parallelstraßensystem mit Wohn- und Wirtschaftsgassen angelegt. Zur 2. Ordnung nach dem Hauptstraßensystem gehören die Färberstraße und in der Verlängerung die Kronengasse, ebenso die Gerberstraße mit anschließender Bärengasse. Zur 3. Ordnung, die man im Villinger Straßensystem erkennen kann, gehören anhand des Beispieles Hüfinger bzw. Gerberviertels die Wirtschaftsgassen Johannitergasse, Schlößlegasse, Schaffneigasse, Paradiesgasse, Ankergasse und Goldgrubengasse. Die Ordnungen sind vorwiegend aus den Straßen- bzw. Gassenbreiten abzuleiten.

Ein- und Ausgänge

Die Straßenfluchten **(B54)** der Oberen Straße/Mönchweilerstraße, der Bicken-/Schwenninger Straße und der Riet-/Vöhrenbacher Straße stimmen mit der inneren und äußeren Flucht überein. Bei der Niederen Straße ist eine Verschwenkung zwischen der Niederen Straße und der ehemaligen Schwedendammstraße vorhanden. Diese Verschwenkung ist nur dadurch zu erklären, dass diese Kurve mit bzw. nach der Gründung dieser Stadt entstanden ist. Sie war wesentliches Element für meine erste Schrift »Die Chance des Niederen Tor« und die damit verbundene Festlegung der Bebauungen im südlichen Bereich des Niederen Tores.

Bachläufe

Das Bachsystem **(B55)** als Viehtränke, Badstube und Löschwasserbehälter nutzbar wird von Gumpp am Riettor in die Stadt geführt, um über das orthogonale Straßensystem verteilt zu werden. Gerade die Deckung zwischen Bach- und Straßensystem macht eine genaue und kenntnisreiche Planung erforderlich, denn auch heutiger Wasserbau (Kanal) baut vom Tiefpunkt zum Hochpunkt, um das Gefälle entsprechend zu berücksichtigen,

52 Münchenwiler, Kreuznegativform Jesus im Kreuzraum

53 Villingen, Straßensystem

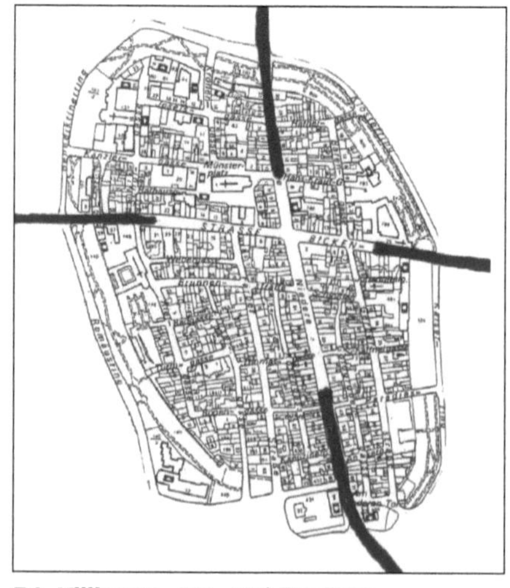

54 Villingen, Aus- und Eingänge Verschwenkung im Süden

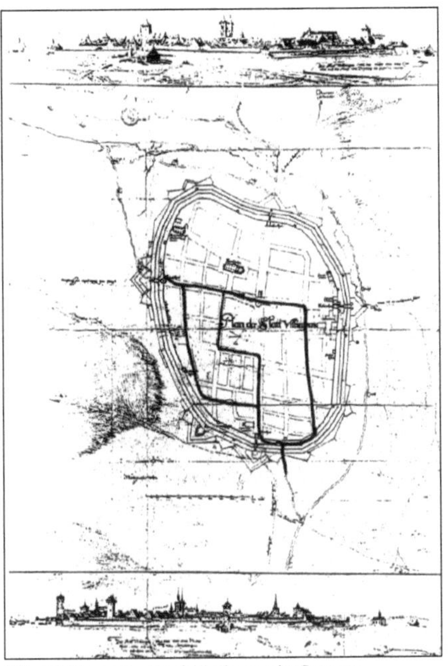

55 Villingen, Bachläufe nach Gumpp

was ein Hinweis darauf ist, von welcher Seite aus Villingen bebaut wurde, nämlich nach meiner Überzeugung von Süden her.

Topographie

Die Stadt liegt im Schwemmbereich der Brigach. Begrenzt durch den im Osten in einem Bogen fließenden kleinen Fluss und im Westen begrenzt durch einen Höhenzug, das Hubenloch. In der Nord-Süd-Linie steigt das Gelände mit dem Gefälle der Brigach leicht an. Wer das Wasser nicht kennt, meint, dass es eben wäre.

Sechs Merkmale

Erinnern wir uns an die sechs Erkennungsmerkmale einer gedachten und einer gewachsenen Stadt und vergleichen Villingen mit diesen beiden Formmöglichkeiten, so ist klar erkennbar, dass Villingen einen gedachten Ursprung haben muss.

Villingen gewachsen?

(Diese Merkmale wären dafür Voraussetzung:)

– amorphe äußere Form

– Verzweigungssystem

– gekrümmte Hauptstraßen

– Nebenstraßensystem hat keine orthogonalen Bezüge zu den Hauptstraßen

– Grundstücksform (Vieleck)

– 3-Wege-Knoten

> *Beim Verbinden von Teilen muss eins plus eins mehr als zwei geben.*
> *Charles Moore*

Villingen gedacht!

(Dieses ist vorhanden:)

– euklidische äußere Form

– euklidische innere Struktur

– die Hauptstraßen folgen der euklidischen Struktur

– die Nebenstraßen folgen dieser euklidischen Struktur

– rechteckige Grundstücksform

– gerade Straßen

Beweis

Bei Villingen ist die äußere Form ein Oval, das als klares Gebilde zu erkennen ist. Die äußere Formstabilität von Villingen lässt sich seit 1692 (Gumpp) nachweisen und ist ein Beleg dafür, dass keine bauliche Entwicklung über diese Grenze stattgefunden hat. Es ist davon auszugehen, dass es diese Form auch vor dieser Zeit gegeben hat. Dorfstrukturen verändern sich jedoch in der äußeren Form. Ein- und Ausbuchtungen, wie sie bei gewachsenen Städten vorkommen, sind nicht vorhanden. Das Kreuz als Hauptstraßensystem und gleichzeitigem übergeordnetem Symbol entspringt ebenfalls einer Geometrie, die dem Denken bzw. dem Geistigen entspringt und nicht gewachsen ist. Wenn es sich, wie vermutet, um eine Legende handeln sollte, dann kann diese Legende nur ihren Ursprung im Denken und nicht in der Realität haben. Die Umgebungsbebauung des Münsters und damit die gleichzeitige Freistellung des Münsters ergeben sich nicht, denn alle Kirchen aus den gewachsenen Strukturen befinden sich in unmittelbarer Nähe der Straße bzw. dem 3-Wege-Knoten. Eine Freistellung, wie sie beim Villinger Münster vorliegt, gibt es nur dann, wenn man solche Freiräume plant und gedanklich vorsieht. Das Nebenstraßensystem folgt parallel dem Kreuzraum (Hauptstraßen) und ist als Parallelstraßensystem erkennbar, welches sich zum Hauptstraßenraum ergibt. Die Haupt- und Nebenstraßen sind gerade. Die inneren Bachläufe folgen dem orthogonalen Straßensystem. Diese Wasserläufe müssen ebenso geplant sein. Da man im Wasserbau immer vom Tiefpunkt aus beginnt, war dies den Planern sicherlich bewusst.

Damit wäre ein Indiz, dass Villingen vom Süden aus bebaut wurde, ebenfalls vorhanden. Vergegenwärtigen wir uns noch mal diese Merkmale am Villinger Stadtgrundriss, so wird offenkundig, dass es sich bei Villingen um eine gedachte Stadtstruktur handelt. Der weltliche Gedanke entsprang sicherlich den Möglichkeiten, die sich aus dem Privileg von 999 ergaben. Der übergeordnete Gedanke war das Kreuz, welcher die tiefe Religiosität, die damals vorherrschte, widerspiegeln sollte. Dieses Kreuz ist im Straßenraum als immaterielle räumliche Erscheinung bis heute ablesbar. Da bis um das Jahr 1800 die neu gegründeten Städte in der Regel auf die euklidische Geometrie zurückzuführen sind und die gewachsenen Städte der Geometrie der Chaostheorie (fraktale Geometrie) folgen, ist damit auch mathematisch-geometrisch bewiesen, dass es sich bei Villingen um etwas Gedachtes handelt bzw. handeln muss. Wer diese Stadt erdacht hat, dieser legendäre Bezelin oder einer seiner Nachfolger, wird man wahrscheinlich niemals ergründen können.

Anhand der sechs Merkmale konnten wir beweisen, dass es sich bei Villingen nicht um eine gewachsene Stadt handelt. Was für eine gedachte Struktur besitzt aber Villingen? Was für eine Stadt ist Villingen? Eine Idealstadt, eine Planstadt, eine Gründungsstadt, eine gedachte Stadt? Eine Idealstadt ist Villingen sicherlich nicht, denn Idealstädte gehorchen den strengen Gesetzen der euklidischen Geometrie einschließlich einer vollkommenen Symmetrie und Vollständigkeit. Die Schönheit definiert Alberti als »Zusammenklang der Teile zu einem Ganzen, das nach einer bestimmten Zahl, einer bestimmten Beziehung und Anordnung aufgeführt wurde, wie es das Ebenmaß, d. h. das vollkommenste und oberste Naturgesetz forderte«. Dieser Satz von Alberti gilt sicherlich nicht nur für Gebäude und deren Fassaden, sondern auch für Idealstadtgrundrisse.

Da es von Villingen keinen Plan aus der Entstehungszeit gibt, kann man Villingen auch nicht eine Planstadt nennen. Ebenso ist von Villingen kein Gründungsakt bekannt, weshalb sie keine Gründungsstadt ist. Und doch hat uns der Vergleich der Entwicklung der Stadtgeometrien gezeigt, dass es sich bei dieser Grundrissform um einen geistigen planerischen Akt handeln muss. Wenn man Villingen jedoch genauer betrachtet und untersucht im Hinblick auf eine gedachte Stadt, so fallen uns einige Eigentümlichkeiten auf. Die vorgelegte Arbeit über gewachsene und gedachte Stadtstrukturen macht deutlich und beweist, dass die Menschen in der gewachsenen Strukturform einer natürlichen Entwicklung Raum geben im induktiven Stadtentwicklungsprozess. Dabei kann diese natürliche Entwicklung mathematisch-wissenschaftlich formal seit ca. 1960 klar nachvollzogen werden. Die gebrochenzahlige Dimension in der fraktalen Geometrie ist dafür Grundlage. Dagegen sind die gedachten Städte in ihrer reinen Form ausschließlich auf die euklidischen Figuren und Formen wie Kreis, Quadrat, Linie zurückzuführen.

Die klare Differenz zwischen einer gedachten Stadtstruktur basierend auf einer euklidischen Geometrie und einer gewachsenen Stadtstruktur basierend auf einer fraktalen Geometrie führt zum Beweis, dass Villingen in seinen wesentlichen Merkmalen erdacht ist und nicht über einen längeren Zeitraum sich entwickelt hat. Da es nur wenige ganze Stadtplanungen in der Neuzeit, also nach 1850, gibt, gilt dies bis heute, obwohl man natürlich die Bebauungsgebiete in den Städten ausschließen kann und sich auf die ehemaligen Zentren konzentrieren muss. Die Formstabilität von geplanten Städten ist ein weiteres Merkmal, wurde jedoch nicht aufgeführt, da sie nur in einer Zeitschiene ablesbar ist. Villingen hat eine der eindrucksvollsten Formen, da nur im südlichen Bereich die Gestalt der Stadt beeinträchtigt wurde.

Eigentümlichkeiten am Grundriss

Schiefwinkliges Kreuz

Die größte Eigentümlichkeit ist der fehlende zu erwartende rechte Winkel **(B51)** der beiden Hauptstraßen des sich zeigenden Straßenkreuzes. Ist es denkbar, dass ein damaliger Baumeister ein schiefwinkliges Straßenkreuz plant? Wie hat sich dieses Kreuz aber gebildet, denn eine Wachstumsstadt gehorcht anderen geometrischen Gesetzen, wie wir jetzt wissen? Die nachfolgenden Absätze verdeutlichen eine Änderung im System, die im südlichen Bereich ihren Anfang nahm. Das schiefwinklige Kreuz folgte diesen Änderungen, wobei klar erkennbar ist, dass an der eigentlichen Idee festgehalten wurde.

Südliches und nördliches System

Die Nebenstraßen folgen einerseits dem Niederen-/Oberenstraßenzug und andererseits der Straßenflucht von Riet- und Bickenstraße in einem Parallelstraßensystem. Bisher bestand die Auffassung, dass durch diese verschiedenen sich bildenden Straßenbereiche ein zeitlicher Versatz begründet sei und eine Mehrphasigkeit des Villinger Grundrisses gegeben ist, der sich über einen sehr langen Zeitraum entwickelt hat. Außerdem ist die bisherige Meinung, dass das Münster- und Hafnerviertel der ältere Teil Villingens sei. Die beiden Hauptstraßensysteme stehen in einem Winkel von 73 Grad aufeinander. Die Niedere und Obere Straße bilden mit der Gerberstraße und Bärengasse, der Färber- und Kronengasse, der Johannitergasse, der Schaffnei- und Thomasgasse, der Paradies- und Bogengasse, Teilen der Zinsergasse und der Anker- und Kapuzinergasse ein eindeutiges orthogonales System. Dieses ist das südliche System **(B56)**.

Die Riet- und Bickenstraße bilden mit der Josefsgasse, der Kanzleigasse, der Hans-Kraut-Gasse, der Rathausgasse, der Webergasse und der Brunnenstraße/Schlößlegasse ein nördliches schiefwinkliges Parallelstraßensystem **(B57)** zusammen mit der Rietstraße aus. Weshalb diese Richtungsänderung vorgenommen wurde, ist sicher spekulativ, jedoch zeigt das südliche System klar, dass es in das nördliche System ragt mit der Oberen Straße als Verlängerung der Niederen Straße, die Bärengasse als Verlängerung der Gerberstraße und die Kronengasse als planerische Verlängerung der Färberstraße. Gerade diese Verdrehung der beiden Systeme, mit gleichzeitiger Überlagerung, zeigt, dass das Festhalten an der übergeordneten Figur, dem Kreuz, bewusst gewollt war. Diese Eigentümlichkeit des Villinger Grundrisses war für den in der Einleitung zitierten Mecksepers Anlass, für Villingen zu postulieren, es sei in mehreren Phasen entstanden. Ein nördlicher, der ältere Stadtteil, und ein südlicher, der jüngere Stadtteil. Betrachtet man jedoch im nördlichen Teil das Straßensystem, so stehen diese Straßen schiefwinklig aufeinander, im südlichen Teil dagegen orthogonal bzw. rechtwinklig.

Die Entropie ist ein allgemein gültiges Gesetz, welches besagt, dass sich alles zur Unordnung hin entwickelt. Somit müsste der südliche Teil zuerst entstanden sein und dann der nördliche Teil. Auch haben wir gezeigt, dass Villingen keine gewachsene Stadt sein kann und alle sechs Merkmale für eine gedachte Stadtstruktur besitzt. Schulgasse, Rietgasse, Turmgasse, Badgasse, teilweise Zinsergasse sind nicht eindeutig einem der beiden Systeme zuzuordnen. Nur, welches Merkmal bzw. welcher Teil Villingens ist typisch für eine gedachte Stadt? Wie in den gedachten Städten Mannheim, Milet etc. hat auch Villingen eine klare ausgeprägte orthogonale Struktur, nämlich im südlichen Bereich, in der unteren Stadt. Diese Orthogonalität ist jedoch nicht nur beschränkt auf den südlichen Bereich der Stadt, sondern sie erstreckt sich auch in den nördlichen Bereich. Vor allen Dingen die Straßensysteme Niedere Straße/Obere Straße und Gerberstraße/Bärengasse zeigen nachdrücklich, dass das nördliche und südliche System miteinander verbunden sind. Eine Mehrphasigkeit, wie sie Meckseper und seine Nachfolger gesehen haben, ist demnach für Villingen nicht gegeben. Dieser südliche Bereich, vor allen Dingen das heutige Krawazi und Teile des Riet, ist

56 Villingen,
südliches System mit übergreifender Struktur in die Nordhälfte

57 Villingen,
nördliches System

eindeutig als klarste geometrische orthogonale Form Villingens zu definieren, die auf einen Planungsakt für die Gründung der Stadt aufgrund der
gezeigten Bedingungen schließen lässt. Auch wurde im Krawazi der älteste
Villinger Stadtfund entdeckt. Eine Fassdaube von 1136. Wenn der nördliche
Teil Villingens zuerst gebaut worden wäre, dann hätte sich Villingen nach
der Linienführung der Rietstraße rechtwinklig ausgerichtet. Der nördliche
Teil ist jedoch ein schiefwinkliges System. Das südliche Stadtsystem ist
aber ein orthogonales, welches damit die höhere Ordnung besitzt. Auch
aufgrund dieser Überlegung, muss sich Villingen vom Süden aus entwickelt haben. Bis in die heutigen Tage hält sich die Vermutung, dass der
nördliche Teil der zuerst gebaute sei. Zu den aufgezeigten Gründen möchte ich einen anführen, der außerhalb jeglicher Geometrie steht. Immer
dann, wenn neue Stadtteile erwachsen, werden die sozial Schwachen in
diese Quartiere verlegt bzw. einquartiert. In Villingen war es das Ifängle
nach dem Krieg oder später das Steppach. Heute ist es das Schilterhäusle. Bis heute wirkt im Krawazi diese soziale Differenz gegenüber dem Münsterviertel nach. Eine sozial mindere Stellung steht deshalb eher für einen
Beginn einer Stadt als umgekehrt. Schon auch aus diesem Grund wäre der
Beginn von Villingen im südlichen Bereich zu suchen.

Stellung des Münsters

Eine bauliche Eigentümlichkeit ist die Stellung des Münsters **(B58)** zu den
beiden Straßensystemen. Das jetzige Langhaus des Münsters steht in
einem Winkel von 84 Grad zu der Straßenflucht von Niedere Straße und
Obere Straße, und zum Straßensystem von Riet- und Bickenstraße beträgt
der Winkel 11 Grad. Schon allein diese Tatsache lässt den Schluss zu, dass
das Münster bzw. sein Vorgängerbau zusammen mit dem südlichen Straßensystem erbaut wurde, da das Münster rund fünf Grad mehr zum südlichen System steht. Bei den Ausgrabungen im Münster wurden zwei Vor-
gängerbauten freigelegt, wobei der Ursprungsbau nochmals um ein Grad
zum südlichen Straßensystem steht und man klar sagen kann, dass das
ursprüngliche Villinger Münster, welches mit das älteste Gebäude Villingens
ist, mit dem südlichen System eine orthogonale Beziehung besitzt, die es
erlaubt festzustellen, dass der Vorgängerbau des Münsters und die südliche Bebauung zusammen erstellt wurden. Im Bildausschnitt **(B59)** ist die
orthogonale Beziehung zwischen Kronengasse und Münster sehr gut zu
sehen und weist damit auf die enge Beziehung zwischen dem südlichen
System, dem Ursprung von Villingen, und dem Münster hin.

Niedere Straße/Schwedendammstraße

Eine eigentümliche Wegebeziehung **(B60)** ist die Verschwenkung von Niederen Straße und Schwedendammstraße in Verbindung mit dem stark ausgeprägten und einzigen Bogen der Goldengrubengasse, dort, wo sie in die
Schlößlegasse mündet. Eine solch starke Ausbildung einer Straßenkrüm-
mung ist im Straßensystem Villingens sonst nicht erkennbar. Zwar gibt es
in verschiedenen Gassen ähnliche Verformungen, jedoch nicht in dieser
Intensität, wie sie im nördlichen Teil der Goldgrubengasse der Fall ist, und
bestimmt aus anderen Gründen. Beide Teile, die Verschwenkung der Niederen Straße in die Schwedendammstraße und die bogenförmige Ausbildung der Goldgrubengasse in die Schlößlegasse, sind für sich allein gesehen recht unbedeutend. Verbinden wir jedoch die beiden Teile, so erhalten
wir einen Weg der gebildet wird durch die Schwedendammstraße und die
Goldgrubengasse. Wird die bogenförmige Gasse weitergeführt, so könnte
dieser Weg eine alte, vielleicht sogar die älteste Wegebeziehung in Villingen markieren. Somit wäre der Zugang von der Schwedendammstraße in
die Goldgrubengasse, nämlich die frühere Hüfinger Gasse, wie sie um 1360
genannt wurde, der ursprüngliche Weg, der das Plateau des Brigachbogens
durchschnitt. Die Gerberstraße kann diese Hüfinger Gasse nicht gewesen
sein, denn der Versatz zwischen Gerberstraße und Schwedendammstraße
ist genauso groß wie zwischen Niederen Straße und Goldgrubengasse. Ein
solcher Versatz ist jedoch nur dann an dieser Stelle erklärbar, wenn sich
diese Wegebeziehungen zeitlich entwickeln. Die alte Schwedendammstra-

58 Villingen,
Münsterstellung, Norden oder Süden?

59 Villingen,
Münsterstellung, eindeutiger Süden

60 Villingen,
Verschwenkungen, Goldgrubengasse,
Schwedendammstraße, Niedere Straße

61 Villingen, Hausversprünge

61.1 Villingen, Hausversprünge

61.2 Hausversprung, Blick in die Rietstraße

61.3 Hausversprung,
Blick nach Süden in Färberstraße

61.4 Hausversprung,
Blick nach Norden Färberstraße

ße war, und dies ist auf alten Karten zu sehen, die ursprüngliche Verbindung nach Süden zu den Orten Rietheim, Klengen, Donaueschingen und Hüfingen. Wenn nun die Stadt Villingen sich entlang einer Marktstraße hätte entwickeln sollen, wie dies die Verfechter der gewachsenen Struktur so annahmen, dann hätte die Goldgrubengasse bzw. Hüfinger Gasse die Hauptstraße bilden müssen und die Goldgrubengasse wäre dann ein Teil dieses legendären Zähringerkreuzes geworden und nicht das Straßensystem Niedere Straße/Obere Straße und Rietstraße/Bickenstraße.

Hausversprünge

Ebenso seltsam sind die in den Hauptstraßen sich zeigenden Hausversprünge (**B61**). Der deutlichste Versprung ist an der Ecke Obere Straße/Hans-Kraut-Gasse (**B61.1**) zu sehen und weist auf das Verschieben zweier Richtungssysteme im Quartier bzw. im Stadtsystem hin. Weitere Versprünge gibt es an der Ecke Niedere Straße/Rietstraße (**B61.2**). Wobei die stärkeren Ausprägungen sich an den quartierübergreifenden Versätzen wie an der Bickenstraße/Bärengasse oder Rietstraße/Färberstraße und Brunnenstraße/Färberstraße (**B61.3 + 61.4**) zeigen. Auffallend ist dabei die Tatsache, dass in der Niederen Straße diese Versätze bis zum Haus Niedere Straße 23 nicht vorkommen. Dies bedeutet, dass man auch anhand dieser Versätze ablesen kann, dass im südlichen Teil der Stadt eine orthogonale Struktur vorherrscht, denn da gibt es keine Versätze in diesen Dimensionen wie im nördlichen Teil. Der nördliche Teil der Stadt muss gegen den südlichen Teil gedreht worden sein, und zwar derart, dass die Gesamtfigur, der Kreuzraum, erhalten blieb. Der gedankliche und planerische Ursprung, der Plan Villingens,

ergibt sich aus dem klar orthogonalen südlichen System und dessen Hauptstraßen, die in das nördliche System eingreifen. Diese Hausversprünge
ergeben sich aus der Tatsache, dass das nördliche System zum südlichen
System um 17 Grad gedreht ist. Diese Drehung des Systems ist im Stadtgrundriss auch anhand der Versätze nachzuweisen. Anschaulichster Versatz ist der Blick von der Oberen Straße Richtung Gasthaus Löwen. Ein weiteres eindrucksvolles Beispiel findet sich an der Kreuzung Brun-
nenstraße/Färberstraße. Dies wäre ein weiterer Ansatz, die Hypothese der
Verfasser von »Die Entdeckung der mittelalterlichen Stadtplanung« zu hinterfragen, ob man sich um das Jahr 1000 vorstellte, dass eine Straßenkreuzung in dieser Form geplant und gebaut werden könne. Jeder weiß, speziell im Baubereich, dass es zwischen Planung und Ausführung Differenzen
geben kann. Die Drehung zwischen dem orthogonalen südlichen System
zum schiefwinkligen nördlichen System hat zu dieser eigentümlichen Kreuzung geführt.

Höcker und Riet

Der Höcker **(B62)**, der an der nord-westlichen Seite des Ovals zu sehen
ist, ist ebenfalls eine bauliche Merkwürdigkeit. Die Frage stellt sich, warum
ist dieser Höcker vorhanden? Sicherlich wurde er nicht geplant, genauso
wenig wie die asymmetrische Grundrissaufteilung der Stadt. Die Weststadt
ist fast doppelt so groß wie die Oststadt. In der Zeit, als Villingen geplant
wurde, was sich nachweislich aus dem orthogonalen System des Krawazi
ergibt, herrscht »Ordnung« insbesondere in der Symmetrie. Eine geplante
Asymmetrie für eine Stadt um das Jahr 1000, wie es der »Campus Initialis« für Villingen vorgibt, halte ich für unmöglich. Betrachten wir deshalb
das Bild 62 mit besonderer Aufmerksamkeit, so stellen wir fest, dass die
Schulgasse (Straße im nördlichen Teil) senkrecht zur Rietstraße steht. Kronengasse, Obere Straße und Bärengasse stehen jedoch schiefwinklig zur
Rietstraße. Dies kann bedeuten, dass diese Straße später, d.h. ohne Planung, als Ergänzung des Planes erbaut wurde. Der Plan wurde erweitert
oder ergänzt. Betrachtet man gleichzeitig die Straßenführung von Rietgasse, Zinsergasse, Badgasse und Turmgasse, so stellen wir fest, dass die Linienführung dieser Straßen stark geschwungen bzw. geknickt ist. Zusammen
mit der Ausbildung des Höckers, der sich ergibt, um die sich am Riettor
befindende Motte in die Stadtanlage mit einzubeziehen, wäre es denkbar,
dass ein Teil der westlichen Stadt gar nicht zur ersten Planungsgrundlage
gehörte. Wenn wir die Fläche, die westlich der Linienführung Färberstraße/
Kronengasse liegt, gedanklich nicht zum Stadtgrundriss zählen, so ergäbe
sich ein vollkommen symmetrischer Grundriss, wenn wir ein orthogonales
System voraussetzen.

Idee

Versucht man, die östliche äußere Form auf die westliche Seite spiegelbild-
lich zu übertragen, so ergibt sich ein vollkommener städtebaulicher Grundriss **(B63)**. Solche Annahmen, dass ein vollkommener Plan, aus welchen
Gründen auch immer, Änderungen unterworfen ist, ist auch in unserer Zeit
denkbar bzw. Realität. Wenn man nun diese sechs ausgeprägtesten grund-
risslichen Eigentümlichkeiten zusammenfasst, so ist sicherlich der nahe lie-
gendste Unterschied des Stadtgrundrisses, dass es zwei verschiedene Ord-
nungssysteme in diesem Stadtgrundriss gibt, wobei das südliche System
die höhere Ordnung besitzt, denn eine gerade Wand besitzt eine höhere
Ordnung wie eine mit Versätzen. Dies deckt sich mit den Hausversprüngen,
die überwiegend nur im nördlichen System vorkommen. Das Bindeglied
zwischen den beiden Stadtstrukturen sind einerseits die Nord-Süd-Straßen
und die Stellung des Münsters. Die ursprünglichste Wegebeziehung ist die
Schwedendammstraße mit der Goldgrubengasse. Nur von dort hätte sich
die Marktstraße in einer gewachsenen Stadt entwickeln können. Die spie-
gelbildliche Deckung der vier Stadtviertel führt zu einem Stadtgrundriss,
der Vorbild für die erdachten und geplanten Stadtgründungen in dieser Zeit
war, denn er vereinigt das Parallelstraßensystem mit dem Kreuzraum. Aus
den vorgenannten Überlegungen ist Folgendes abzuleiten: Die Stadt wird
von Süden bebaut. Die fünf nord-südlichen Straßenzüge bilden das erste

62 Höcker und Riet,
Erweiterung in der Bauphase, Symetrie?

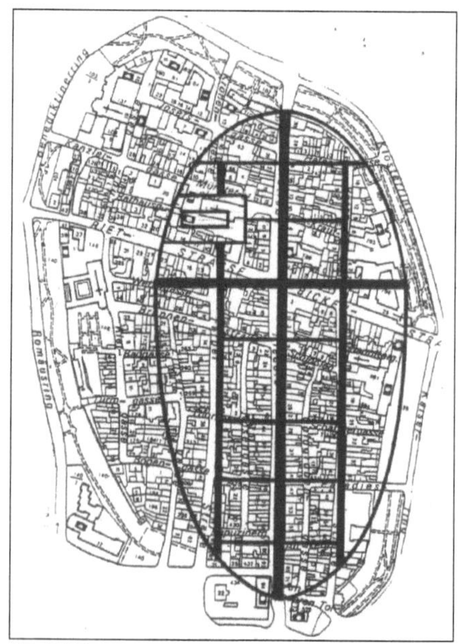

63 Villingen,
Idee siehe auch Buchbeginn

Bebauungsgerüst. Heute noch erkennbar an der Bebauungsstellung der Gebäude. Die Quergassen werden ebenfalls im gleichen Zeitabschnitt bis zur Schlößlegasse fertiggestellt, so dass sich im südlichen Bereich eine orthogonale Struktur bildet. Zeitgleich mit den Straßenfestlegungen und den ersten Bauten wird mit dem Münsterbau angefangen. Bei der Festlegung der Richtung der Rietstraße muss das Münster schon in seiner Fundamentierung festgelegt worden sein. Ab dem Querrippensystem Schlößlegasse/Brunnenstraße wird die Stadt im Bereich der fünf nord-südlichen Straßenzüge durch die im nördlichen System vorherrschende Richtung weiter bebaut. Weshalb es zu dieser Änderung des Richtungssystemes kam, wird im Dunkeln bleiben. Westlich der Zinsergasse wird die ursprüngliche Stadt ergänzt. Die Änderung vom vollkommenen Grundriss zum heute bekannten ist an diesem selbst ablesbar. Die Niedere Straße ist keine gewachsene Marktstraße, sondern Teil eines Straßenkreuzes, welches auf einem geistigen planerischen Akt gründet. Der Straßenzug Niedere Straße/Obere Straße ist auch wegen seiner Länge höherrangig gegenüber dem Straßenzug Rietstraße/Bickenstraße. Über den Kreuzraum lässt sich in vielfacher Hinsicht auch in dieser Zeit nachdenken und philosophieren.

> *Zwischen Mensch(en) und Werk ist Harmonie:*
> *dies ist die Hauptsache.*   Le Corbusier

Recht auf Veränderung?

1806–1847

Die Stadt Villingen ist bis um das Jahr 1800 eine vollkommen intakte Stadt des Mittelalters. Alle baulichen Elemente, die sie kennzeichnen, sind noch vorhanden: das zweifache Mauersystem, die Stadtbäche, die vier Tore, die vorgelagerten Erker etc., der abgeschlossene Straßenraum. Zur Verdeutlichung dient die Beschreibung des Martin Blessing von 1806, die als Untertitel auf seinem Plan steht: »Villingen liegt im Schwarzwald in einem angenehmen und ebenen Tal am Flüßgen Brieg, hat doppelte Mauern und Gräben, kann ungehindert umgangen werden von außen und dem Rampun. Die Gaform sind regulär aber nicht ganz mathematisch, die Häuser sind zu drei dar vier Stockwerk. Es hat in der inneren Länge 764, in seiner Breite 525 und in dem Umfange 2582 große Maasschritte, 673 Hofstätten, 609 Familien, 590 gezeichnete Käufer, fünf Klöster, eine Comendur und mehrere öffentliche Gebäude, ist 104 Schritt länger und 45 breiter als Rottweil. Kann in halben Stunde umgangen werden.« Wenn man in den heimatlichen Geschichtsbüchern nachliest, dann werden die Eingriffe an den Baulichkeiten der Stadt in Verbindung gebracht mit den Entwicklungen der damaligen Zeit. Die Revolution soll einen freiheitlichen Gedanken in den Bürgern ausgelöst haben. In den damaligen Zeitungsausgaben kann man jedoch auch nachlesen, dass auf ihren Vorteil bedachte Bürger verantwortlich für den Abbruch der Mauern waren, denn sie erkannten darin einen billigen Steinbruch.

Der innere Mauerabbruch begann an der Südfront, wo der Glockengießer Grüninger beim Glockenhäusle die Mauer auf eigene Faust abtrug. Die Mauerreste werden bis zum Jahre 1900 auf die heutige Situation zurückgebaut. Die Abbruchphase begann 1813 mit dem Bügeleisen und endete 1868 mit dem Erker des Bickentores. Der bedeutende Eingriff in die Stadtanlage durch den Abbruch des Niederen Tores bedarf einer vertieften Betrachtung der Umstände, die zu diesem Abbruch geführt haben. Gleichzeitig werden anhand der baulichen Entwicklung des Niederen-Tor-Bereiches die gedanklichen Einflüsse dieser sich bildenden Objekte dargestellt im baulichen Wachstumsprozess. Am 17. Februar 1845 findet in der badischen Kammer eine Beratung über den Standort von 15 Strafgerichtshöfen statt. Die Städte Hüfingen und Donaueschingen haben sich für diese neue Institution beworben. Eine großherzogliche Kommission besucht die Stadt

Villingen und prüft deren Eignung. Die Kommission versammelt sich im Gasthaus Sonne mit den Gemeinderatsmitgliedern und etwa dreißig Bürgern. Ein Redner sprach: »Sie gehen einer freudigen Zukunft entgegen. Eine Anstalt wird bei Ihnen gegründet, die segensreiche Früchte tragen wird...« Diese so genannte segensreiche Frucht war verbunden mit dem Abbruch des Niederen Tores und der inneren Mauer zwischen Zinsergasse und Gerberstraße. Im Jahre 1846 werden zwei höchstgewichtige Gegenstände in der Stadt diskutiert, nämlich der Bau der Eisenbahn und der Bau des Bezirksstrafgerichts. Ebenso wird im Jahre 1846 entschieden, dass das Bezirksstrafgericht an der südlichen Seite der Niederen Straße gebaut werden soll. Im Frühjahr 1847 wird mit dem Abbruch des Niederen Tores begonnen. Die Moderne im Städtebau hat in Villingen Einzug gehalten. Ein Opfer der Aufklärung, weil die Menschen in Teilen der Objekte keinen Sinn mehr sahen, die einheitliche Form aber nicht wahrnahmen.

Amtsgericht

Grundsteinlegung für das neue Bezirksstrafgericht, heutiges Amtsgericht (**B64**), findet am 25. Juli 1847 statt. Es entsteht ein zur Stadt überdimensioniertes Gebäude im klassizistisch-historisierenden Stil, welches einen baulichen Anspruch verkörpert, der bisher nur den Kirchen- und Klostergebäuden an den vier Enden der Stadt zugestanden wurde. Das Gebäude nimmt die Flucht der westlichen Niederen Straße auf. Die Grundriss-, aber auch Gebäudegröße werden negatives Vorbild für Gebäude, die zukünftig in der Villinger Innenstadt entstehen werden bzw. entstanden sind. Die Niedere-Tor-Problematik und die Bebauung südlich der Bertholdstraße habe ich in meiner Schrift »Die Chance des Niederen Tor« ausführlich dargestellt (**B65 + B65.1**).

Gesundheitsamt

Das Gesundheitsamt (**B65 + 65.1**), ehemaliges Finanzamt, im Gründerzeitstil gebaut, situiert sich auf dem freien kleinen Platz zwischen Niedere Straße und Goldgrubengasse. Die Stellung des Gebäudes zeigt, dass der Architekt die in seiner Kunstepoche vorherrschende Auffassung baulich klar umsetzt. Das Gebäude rückt ohne zwingenden Grund aus der Flucht der Niederen Straße und zeigt die Schaufassade unmissverständlich nach Süden, was noch heute ablesbar ist, wenn man das Gebäude aus der Schwedendammstraße betrachtet.

Inwiefern eine zeitlich begrenzte Kunstauffassung ein Abrücken aus der Bauflucht der Niederen Straße, einer über damals 900 Jahre erhaltenen Bausubstanz, rechtfertigt, ist offen. Das Gebäude ist im Jugendstil/Gründerzeitstil gebaut, der als letzter Baustil im Stadtoval mehrfach zu sehen ist bzw. war. Wichtig ist zu sehen, dass das Amtsgericht die Flucht der Niederen Straße aufnahm. Das Gesundheitsamt nimmt keine Bezüge zum Stadtgrundriss auf, sondern orientiert sich mit seiner Fassade am südlichen Zugang der Stadt, der Schwedendammstraße. Bedeutend bei der Betrachtung dieser beiden Gebäude ist, wie gesagt, ihr Umgang mit der vorgefundenen Situation des Stadtgrundrisses. Beide repräsentieren verschiedene Stilrichtungen, Neoklassizismus und Jugendstil/Gründerzeitstil. Hierbei manifestiert sich einerseits zumindest die Rücksichtnahme auf eine vorhandene Straßenflucht, wie beim Amtsgericht, und andererseits die sich über eine vorhandene Struktur hinwegsetzende planerische und bauliche Auffassung wie beim Gesundheitsamt.

Dies geschah im Zeitgeist der beiden Stilepochen. Diese Problematik werden wir in den nachfolgenden Betrachtungen, aber anderen Kunstauffassungen, ebenfalls sehen können. In den 90er Jahren erhält das ehemalige Gesundheitsamt einen Anbau, und wird als Bankgebäude ausgebaut. Von Bedeutung ist der Anbau, der in die Niedere Straße ragt. Das damit verbundene Tor kann jedoch nicht gebaut werden, sodass dieser Anbau als Teillösung des Gedachten angesehen werden muss. Der tatsächliche Standort des Niederen Tores ist im Straßenpflaster abzulesen, wo es nach meiner Auffassung auch wieder errichtet werden sollte und nur an dieser Stelle.

64 Villingen,
Niedere Tor Ersatz, heutiges Amtsgericht.
versprochenes Landgericht

65 Villingen, Gesundheitsamt (angebaut)

65.1 Villingen, Gesundheitsamt (freistehend)

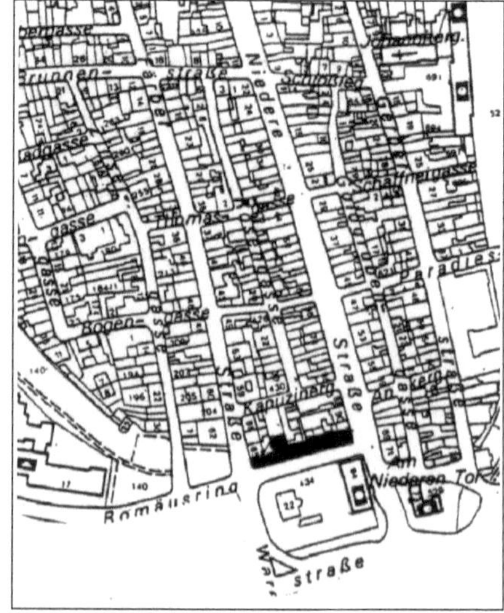

66 Villingen, ehemalige Wallstraße
Verbindung Niedere Straße/Färberstraße
orthogonal an radialer Grenze

67 Villingen, Gerberstraße,
Ausnutzung der Baumassen
Höhenentwicklung im Ensembleschutz
öffentlich gefördert

68 Villingen, Gerberstraße, Bankgebäude

68.1 Villingen, Bankgebäude, Paradiesgasse

68.3 Villingen, Paradiesgasse
ursprüngliche Gassenbreite

68.2 Villingen, Verbindung (neues Element)
Paradiesgasse

69 Johanniterkirche (Hofbereich),
Viertelkreisform im orthogonalen System

70 Villingen, Färberstraße, gemalte Häuser
Walt Disney oder schlechter?

Verbindung Färber-/ Niederen Straße

Die Verbindungshäuser **(B66)** entlang der ehemaligen neuen Wallstraße zwischen Niederen Straße und Färberstraße werden gebaut und richten sich streng nach dem orthogonalen Stadtsystem aus. Die rechtwinklige Weiterentwicklung aus den bestehenden Quartieren des südlichen Systems ist klar erkennbar. Die frühere äußere gekrümmte Form des Stadtovals wird aufgegeben.

Gerberstraße Höhenentwicklung

Die Höhenentwicklungen der Baulichkeiten in der Gerberstraße 53, 55, 57 und 59 **(B67)** zeigen, dass sie sich dem angrenzenden Bankgebäude anpassen und deren Höhe übernehmen. Welche Höhe die ehemalige zur heutigen Bebauung der Gerberstraße besaß, zeigt das Haus Gerberstraße 61. Auch die größere Grundstücksausnutzung ist erkennbar, speziell im rückwärtigen Bereich.

Gerberstraße Bankgebäude

Das Bankgebäude in der Gerberstraße wird erweitert über die Paradiesgasse **(B68, 68.1, 68.2 + 68.3)** hinweg. Als Ersatz für das Café Wehrle etabliert sich ein 4-geschossiger Baukörper in der Paradiesgasse 4. Die Arkadenausbildung und die bankinterne Brücke sind fremde Bauelemente in Villingen. Diese Bauformen gab es in dieser Stadt nicht. Die historische Aufnahme zeigt, dass aus einer ehemaligen schmalen Gasse eine breite Gasse mit angrenzender Bebauung wurde, an deren Stelle früher eine Mauer stand.

Johanniterkirche

Der Innenhof der Johanniterkirche **(B69)** wird mit einem

viertelkreisförmigen Anbau überbaut. Der Vergleich mit Karlsruhe liegt nahe, wo ein radiales System mit einem orthogonalen Baukörper bebaut wurde, so wird in Villingen in diesem Innenhof ein orthogonales System mit einem kreisförmigen Baukörper überbaut. In der Hafnergasse wird der Straßenraum durch einen überdimensionierten Aluminium-Glas-Wohnerker eingeengt. Die Größe dieses Erkers wäre, wenn überhaupt, in den vier Hauptstraßen abzuleiten. Wie man in der heutigen Zeit das Gebäudeelement eines ehemaligen Heuaufzuges benutzt, um formal eine größere Wohnfläche zu erhalten, zeigt diese Aufnahme, denn das historische und das formal abgewandelte Gebäudeteil ist klar auf dem Bild **(B7)** zu erkennen.

Rietstraße/Färberstraße

Wie durch das Bankgebäude in der Gerberstraße und dem ehemaligen Hotel Blume-Post an der Ecke Bicken-/Niederen Straße, findet der gleiche Wachstumsprozess an der Rietstraße 5 und der Färberstraße 3–9 **(B70 + 70.1)** statt. Mehrere kleine Hofstätten (Grundstücke), eines der Grundelemente des Villinger Stadtgrundrisses, werden zusammengefasst, um möglichst viel Handels- und Grundfläche zu erhalten. In der Färberstraße ergibt sich eine Wandhöhe, die die bisherige Bebauung um über ein Geschoss überragt. Die Stockwerkshöhen sind in der Stadt Villingen in dieser Höhe nicht abzulesen und sorgen mit den überdimensionierten Fensterabmessungen und der überdimensionierten Eingangssituation in der monumentalen Flächengeraden unbegrenzt erscheinenden Wand für einen Anspruch, der diesem Gebäude in diesem Quartier von Villingen nicht zusteht. Gleichzeitig zeigt diese Wand eine Entwicklung im Innern Villingens auf, wie sie in der äußeren baulichen Entwicklung der letzten rund 30 Jahre ablesbar ist. Die in unmittelbarer Nachbarschaft zur historischen Altstadt sich entwickelten Großprojekte wie Volksbank, Marktkauf und Morrison-Nachfolger zeigen die Entwicklungsmöglichkeit, wie sie Villingen auch im Innern nehmen kann bzw. wird. Diese überdimensionierte, glatte, im Verhältnis zur typischen Villinger Bebauung überproportionierte, farbkaschierende Wand in der Färberstraße ist hoffentlich die Scheidewand hinsichtlich der städtebaulichen Entwicklung, die das historische Villingen zukünftig nehmen wird.

Gerberstraße

Die Vergleichsmöglichkeit in der Gerberstraße **(B71 + B71.1)** zwischen historischer Aufnahme und heutiger Realität zeigt, dass das Ersatzgebäude um ein Geschoss höher gebaut wurde. Des Weiteren sind Pfeiler zur Straße vorhanden, die die Wandstruktur der Gerberstraße durchbrechen. Das Erdgeschoss ist offen, was ebenfalls ein Bruch hinsichtlich der geschlossenen Wände in dieser Straße bedeutet.

Färberstraße

Über die Ausformung der beiden Gebäudekuben **(B72 + 72.1)** ist der Leser aufgefordert, selbst zu entscheiden. Die Ausbildung des Aluminiumerkers ist jedoch ein störendes Element im Raum der Färberstraße.

Niedere Straße

Die Ablösung verschiedener Architekturauffassungen **(B73 + 73.1)** Das Betonskelett mit dazwischenliegenden Fensterelementen löst das Mauerwerk mit ornamentalen Fensteröffnungen in den drei oberen Geschossen ab. Ist im historischen Gebäude das Sockelgeschoss auch baulich gestaltet, wird im Nachfolgegebäude das Erdgeschoss total verglast. Das fehlende Ornament, wie durch Loos in der vergangenen Jahrhundertwende pro-

70.1 Villingen, Färberstraße
Glaserker (Proportion, Größe, Spiegel)

71 Villingen, Gerberstraße
1. Geschoss höher, Erdgeschoss aufgelöst
2. Arkade

71.1 Villingen, Gerberstraße
2-geschossig, Erdgeschoss raumbildend

72 Villingen, Färberstraße, Eckausbildung

73.1 Niedere Straße/Brunnenstraße,
Lochfassade

72.1 Villingen,
Färberstraße, Aluminiumerker

74 Villingen, Rietstraße,
Erdgeschossvergleich (Warenpräsentation)

73 Niedere Straße/Brunnenstraße,
Betonskelett

75 Villingen, Obere Straße,
Veränderung Vordach/Erker

pagiert, ist deutlich im Nachfolgegebäude **(B74)** zu sehen. Auffällig ist, dass die Wandflucht im Erdgeschoss fehlt und durch eine Eingangssituation ersetzt wurde. Entspricht eine solche Eingangssituation einem historischen Stadtensemble?

Obere Straße

In diesen beiden Vergleichsbildern **(B75 + 75.1)** sieht man sehr deutlich, wie gerade im Erdgeschoss eine Veränderung stattfand, die wesentlich durch wirtschaftliche Überlegungen geprägt ist. Anstatt des durch Fenster geprägten Bereiches, werden nun Schaufenster gebaut. Die Einheit der Fassade wird zusätzlich durch ein Vordach geteilt. Die beiden Erker sind verschwunden.

Hans-Kraut-Gasse

Die zwei Bilder **(B76 + 76.1)** zeigen die Ecksituation an der Bärengasse zur Hans-Kraut-Gasse, und zwar vor und nach der Sanierung. Es ist klar auf den historischen Bildern zu erkennen, dass ein erheblicher Reparaturanstau vorlag. Betrachten wir jedoch nur die Gebäudekuben und deren Formen und vergleichen sie mit der neuen Bausubstanz, so ist klar zu erkennen, dass die Vielfalt in der Einheit einer Gleichförmigkeit mit einer fragwürdigen Einheit eingetauscht wurde.

Niedere Straße

Der Anblick dieses Gebäudes **(B77)** steht stellvertretend für zahlreiche, wahrscheinlich sogar die Mehrzahl der Gebäude in den vier Hauptstraßen, denn dieses Gebäude scheint zu schweben. Die Spitzgiebel, die Pilaster mit ihren Kapitellen gliedern das Gebäude bis zum 1. Obergeschoss. Die Erdgeschosszone ist verglast und wirkt als Bruch, als leerer Raum. Das Gebäude hängt in der Luft. Sicherlich kann ein Statiker viel erreichen. Die Frage ist

43

nur, wie korrespondiert die Erdgeschosszone mit dem darüberliegenden Gebäude bzw. wie mit dem Raum der Niederen Straße.

Niedere Straße

Dieses Gebäude **(B78)** zeigt drei Epochen der baulichen Entwicklung. Eine serielle Gaubenausbildung der Neuzeit. Die historische klare Gliederung in den beiden Obergeschossen und die abgesetzte Verglasung in der Erdgeschosszone, dem Verkaufsbereich. Stilfindung auch in der Villinger Nordstadt.

Kronengasse

Das modernistisch geprägte Feuerwehrhaus und der übergroße Wohnblock, der postmodernistisch angehaucht ist, zeigen ebenfalls die Zusammenlegung der Parzellen **(B79+79.1)**.

Ankergasse

Die beiden Bilder **(B80+ 80.1)** zeigen die Situation in der Ankergasse. Im ersten Bild kann man zwei Balkone erkennen, die natürlich in jedem Baugebiet wünschenswert, in der Kernstadt von Villingen jedoch deplaziert sind. Dies trifft ebenfalls auf den Vorbau zu, wie er sich nach Süden ergibt. Weitaus wichtiger und bedeutender sind nicht nur in der Ankergasse die Höhen der Bebauungen. Hier wird gegen ein elementares Bauprinzip in der Villinger Innenstadt verstoßen. Bisher zeichneten sich die Straßen und Gassen auch in ihrer Bedeutung durch ihre Höhe aus. Dies wird jedoch konterkariert in dieser Form der Bebauung. Die wirtschaftliche Ausnutzung des Grundstücks hat eine höhere Bedeutung als die historische und denkmalschützende Dimension dieses für Villingen wichtigen Baugrundsatzes, dass nämlich die Bedeutung der Straßen und Gassen auch in ihrer Höhe ablesbar sind

75.1 Villingen, Obere Straße
Veränderung Vordach/Erker

76 Villingen, Hans-Kraut-Gasse
Vielfalt und Einheit auf den Parzellen?

76.1 Villingen, Hans-Kraut-Gasse
Vielfalt und Einheit auf den Parzellen!

77 Villingen, Niedere Straße
Hausstil contra Umsatzloch

78 Villingen, Niedere Straße
Bau-/Zeitstufen

79 Villingen, Feuerwehrgerätehaus
erstes Großobjekt im Münsterviertel?

79.1 Villingen, Wohnblock
ohne Parzellenstruktur

80 Villingen, Ankergasse
Negierung der Straßenhierarchie
(gleiche Bauhöhen)

80.1 Villingen, Ankergasse, rechts nächster
Abbruch (Fachwerkhaus)

und bleiben sollten. Gerade die Gerberstraße und die Goldgrubengasse stehen für die Hierarchie der Straßen im Villinger Struktursystem. Wer gegen dieses Prinzip verstößt, muss sich natürlich fragen lassen, ob die Wirtschaftlichkeit, und damit die Rendite, einen höheren Stellenwert besitzt als der Erhalt eines der hochkarätigsten Stadtensembles, wie es in ganz Süddeutschland nicht wieder zu finden ist. Durch die gleichen Bauhöhen entstehen Gleichförmigkeit und Uniformität. Das Fachwerkgebäude zählte früher zu den höchsten Gebäuden in der Goldgrubengasse.

Paradiesgasse

Dieses Bild **(B81)** macht ein Dilemma der neueren Bebauungen sichtbar. Das Neue entspricht nicht den überkommenen Baugesetzen der Stadt Villingen. Die Freiheit eines einzelnen Architekten wird höher bewertet als die sich seit 1000 Jahren darstellende Bauform und -struktur der Villinger Kernstadt. Kein anderes Pultdach ist in der Nähe nachweisbar. Fensterbänder sind keine Lochfassade, wie dies die Bausatzung aus den 80ern vorsieht. Die verbindende Mauerscheibe widerspricht der Parzellenstruktur, mit der Villingen einstmals angelegt wurde. Ich bin nicht einer, der einer Rekonstruktion der Parzelle das Wort redet, aber ich glaube, dass die »FREIEN Architekten« den Gesetzmäßigkeiten einer Stadtstruktur zu antworten haben, ohne dass das Bestehende entstellt wird. Nur die Architekten, und damit meine ich die verantwortungsvollen Architekten, die ihren Ort kennen, in dem sie bauen, können sich selbst beschränken und das bauliche Erbe bewahren. Dass durch die Verbindung zwischen ALT und NEU hervorragende Architektur entstehen kann, zeigen Architekten wie z. B. Carlos Scarpa. Die Weißenhofsiedlung ist ein Meilenstein der Moderne. Was würden die der traditionellen modernistisch geprägten Architektur verbundenen Architekten sagen, würde man in diese Siedlung ein dekonstruktives Gebäude à la Coop himmelblau oder Zaha Hadid einpflanzen. Der Aufschrei wäre mächtig. Baugebiete unterliegen einer gewissen Formentwicklung, einer menschlichen Entropie. Die Weißenhofsiedlung unterlag bis zu ihrer Sanierung einer Vielzahl von Veränderungen. Man hatte erkannt, dass wenn dieser Prozess anhält, die gesamte Siedlung unwiederbringlich verloren ist, und entschloss sich zu einer Sanierung. Villingen unterliegt seit rund 30 Jahren auch einer Form der Entropie. Diese wird aber gespeist durch wirtschaftliche Interessen. Diesen Vorgang gilt es aufzuhalten, wenn man das einmalige baukünstlerische Gesamtensemble der Villinger Kernstadt erhalten will.

Ecke Rosengasse/Thomasgasse

Auch an der Ecke Rosengasse/Thomasgasse **(B82 + 82.1)** wurde neu gebaut. Die Bausatzung weist als schützenswert die Traufstellung aus. Ist eine Giebelansicht eine Traufe oder die Vorderkante eines Balkons. Die Kante des Erdgeschosses ist abgesetzt und wirkt schwebend für die oberen Geschosse. Auch diese Bauelemente sind in dieser Anordnung fremd in Villingen. Diese drei Neubauten weisen eine induktive Behandlung der Villinger Struktur aus.

Turmgasse

Das ehemalige Winklerareal im Rietviertel zeigt, wie die Bemühungen **(B83 + 83.1)** des Architekten in zwei Grundziele zerfallen. Einerseits sind die wirtschaftlichen Interessen des Bauherrn klar ablesbar, die ihren Ausdruck auch und speziell im Dachausbau finden. Andererseits zeigt die bauliche Ausformung, die vorhandene Baustruktur der Villinger Innenstadt wieder aufleben zu lassen. Die Hausbreiten werden zwar nach außen gezeigt. Die Aufteilung im Grundriss folgt jedoch einer anderen Ordnung, sodass zwischen Außen und Innen eine bauliche und inhaltliche Differenz besteht. Die Bebauung spiegelt deshalb etwas vor, was im Inneren nicht vorhanden ist. Die Bebauung dieses Areals zeigt das Dilemma, in welchem Villingen steckt. Die Bebauung mehrerer Grundstücke/Parzellen durch einen Architekten kann niemals zu der baulichen Qualität führen, wie dies durch mehrere Architekten sichergestellt werden kann. Die architektonische Sprache verschiedener Architekten führt zu einer Differenz in der architektonischen Ausgestaltung, die durch eine Sprache nicht zu gewährleisten ist. Eine Rahmenvorgabe zur Bebauung würde dazu führen, dass dem zur Zeit in der architektonischen Landschaft ausgeführten Individualismus Grenzen gesetzt werden und die Bebauungen maßvoll differieren.

Sanierte Gebäude in der jeweiligen Zeit

Zum Gebäude **(B84 + 84.1)**, die meines Erachtens mit der notwendigen Rücksichtnahme zum historischen Stadtbild saniert wurden. Die Erdgeschossausbildung verschiedener Bauepochen nehmen die historische Gliederung des darüberliegenden Geschosses auf. Wie auch in der heutigen Zeit, haben auch vor rund 100 Jahren Architekten dem Architekturbestand Villingens einen Stil hinzugefügt. Allerdings war dies damals ein einheitlicher Stil, nämlich die Gründerzeit **(B84),** und vor allen Dingen wurde die Hausfassade in ihrer Ausformung, d. h. Größe der Fenster und Türen, respektiert. Die Fensterausbildung im Erdgeschossbereich **(B84.1)** ist gewagt, jedoch wird die Teilung der darüberliegenden Gliederung übernommen. Die Spannung zwischen Alt und Neu ist durch die Materialwahl an einer noch festzulegenden Grenze. Der nach historischem Vorbild proportionierte Heuaufzug, der nun als Ausblick und Lichteinlass dient, und die neu formal ausgebildete Dachgaupe zeigen ein insgesamt durchdachtes Gebäude, welches den Spannungsbogen zwischen Alt und Neu sucht. Ein saniertes Gebäude zeigt die prächtige Fassade einer vergangenen Bauepoche in der oberen Gerberstraße. Beim Ersatz von Alt zu Neu muss gelten, dass das Neue qualitätvoller als das Alte wird. Zu nennen sind weitere Gebäude in der Rathausgasse und in der Hans-Kraut-Gasse.

Abschluss Niedere Straße

Die Aufnahme **(B85)** zeigt einen Blick von der Niederen Straße in Richtung Süden und stellt vielleicht am deutlichsten dar, worum es mir in dieser Arbeit geht. Das im Jahr 1848 erbaute Amtsgericht steht für den Abbruch des Niederen Tores und gleichzeitig für eine Erweiterung der Stadt nach Süden. Eine Verzahnung zwischen Altstadt und Südstadt ist jedoch nie gelungen. In den 90er-Jahren des letzten Jahrhunderts werden zwei Gebäude errichtet. Das Zwickelgebäude der ansässigen Bank soll dem neu zu errichtenden Niederen Tor als Anbaugebäude dienen. Das über der Bertholdstraße liegende Kinogebäude ist als Raumabschluss für die Niederen Straße gedacht. Diese bauliche Entwicklung ist städtebaulich gewachsen und dies in einer der bedeutendsten geplanten Stadtanlagen in Baden-Württemberg. Es gäbe sicherlich noch zahlreiche Veränderungen in dieser Stadt, die man erwähnen könnte, wie z. B. ein über die Stadtmauer ragender Glasanbau, Abbrüche im Riet etc. pp. Der Leser möge selbst urteilen und sich am besten vor Ort ein Bild machen, ob diese Veränderungen des Stadtgrundrisses und damit des Stadtbildes zu Recht geschahen. Zum Schluss der Merkwürdigkeiten in Villingen vielleicht das zeitgeschichtlich Nächste.

Die Villinger Niederen Straße erhält ein Bächle, dies schwingt sich durch die Niederen Straße. Warum ist dieses Bächle gekrümmt? Warum macht es mehrere Schwünge? Welcher planerische Ansatz liegt diesen Krümmungen zugrunde? War es die Idee eines sich krümmenden Wiesenbaches? Oder wollte man die Theorie umsetzen, dass die Straßen Villingens gekrümmt geplant wurden? Dieses Bächle hätte man nur nach der Richtung des südlichen Systems bauen dürfen, nämlich gerade bzw. orthogonal. Ein Straßenraum hat nach meiner Auffassung zwar geschehene, im Ganzen aber nicht zu erkennende Veränderungen angenommen. Nach meiner Meinung hat dieser Straßenzug den Charakter, wie weitere Straßenzüge in Villingen aussehen könnten. Die Brunnenstraße **(B6 + B6.1)** wirkt als Einheit. Hier sind die Teile nicht individualistisch und überzeichnet ausgeformt, sondern sie sind mit dem Ganzen in Harmonie, wobei das einzelne Haus , das einzelne Bauteil jedoch klar ablesbar ist und bleibt. Dieser Straßenzug hat Vorbildcharakter und ist für mich der schönste und passendste für Villingen, weil er eine Einheit bildet. So könnte Villingen anhand dieses Beispiels der Brunnenstraße zu einer Gesamteinheit werden.

81 Villingen, Paradiesgasse
Pultdach im Traufstellungkontext der
Kernstadt. Neues Element in der Stadt
Wandscheibe

82 Villingen, Thomasgasse
abgesetztes Erdgeschoss
Giebel anstatt Traufe

82.1 Villingen, Thomas-/Rosengasse
Balkon und Giebel anstatt Traufe
Garageneinfahrt - Erdgeschosszone

83 Villingen, Turmgasse
Negierung der bestehenden Bauhöhe
Wirtschaftlichkeit versus Bauerbe

83.1 Villingen, Turmgasse
neues Gestaltungs-Element
Ideenvielfalt zum Villinger Baukanon

84 Villingen, gestaltete Erdgeschosszone
(Zeit) Möglichkeit (Gliederung als Einheit!)

85 Villingen, optischer Abschluss Niedere Straße? Wer und wie fand man diese
Lösung? Wird dies einer Planstadt des Mittelalters gerecht? Ist das die beste
Lösung? Wie viel Ideen wurden beurteilt? War dies die städtebauliche Aufgabe?
Vergleich Zwickelgebäude (Commerzbank) als Anschluss zum gedachten Turm
und Abschluss Straßenraum. Rechtfertigt die Zwischenzeit einer Dekade eine
solche Lösung, eine gedankliche Kehrtwende, die letztendlich zwei Lösungen
beinhaltet?

> *Nun gut, habe Parmenides gesagt. Wenn Eines ist, so
> kann es doch nicht Vieles sein? Wie sollte es auch! Also
> darf es auch keinen Teil von Ihm geben und es selbst
> darf auch nicht ganz sein. Wieso? Der Teil ist doch Teil
> eines Ganzen. Ja. Und wie steht es mit dem Ganzen?
> Ist nicht das, dem kein Teil fehlt, ganz? Allerdings.
> Beidemal also bestünde das Eine aus Teilen, wenn es
> ganz ist und wenn es Teile hat. Notwendigerweise.
> Und beidemale wäre auf diese Weise das Eine Vieles
> und nicht das Eine. Das stimmt. Es soll aber nicht
> Vieles, sondern das Eine sein. Ja das soll es. Also wird
> es weder ganz sein noch Teile haben, wenn das Eine
> das Eine sein soll. Sicher nicht.* Parmenides

Zusammenfassung

Es wurde deutlich, dass es sich bei Villingen um eine gedachte Stadtstruktur handelt. Dies wurde eindrücklich auch nach mathematisch-geometrischen Methoden nachgewiesen. Eine gewachsene Struktur kann Villingen, wie gezeigt, nicht sein, sonst hätte es einen Drei-Wege-Knoten als Kreuzung. Villingen ist damit eine einmalige Stadtanlage, denn nur Villingen besitzt alle Randbedingungen, die für eine Neugründung in der Nähe einer »Alt-Stadt« sprechen. Die Stadt ist Stadtbaukunst des Mittelalters. Die orthogonale südliche Ausbildung des Parallelstraßensystems ist eindeutig auf einen Plan, auf einen Gründungsakt zurückzuführen. Damit kann die kreuzräumliche Ausbildung der Hauptstraßen wahrscheinlich nur einem gedanklichen christlichen Gut zugewiesen werden, welches im Jahr 1000 vorherrschte. War dieser legendäre Bezelin der geistige Vater dieser Stadt? Ist dieser Stadtgrundriss, dieser Kreuzraum, die Vision des Bezelin oder seines Baumeisters? Ist es weiterhin denkbar, dass Bezelin diese Stadt für seinen Kaiser gebaut und ihm gewidmet hat? Dieses Kreuz, dieser Kreuzraum, mit derselben räumlichen Ausformung wie im Kreuzungsrelief von Münchenwiler als Negativform, ist erdacht, wie wir aufgrund der verschiedenen Geometrien bewiesen haben und auf das südliche orthogonale

System zurückführen konnten. Dieser Raum wird von den Menschen begangen, erlebt und hat seine eigene Faszination, die auch heute noch nachwirkt. Die wissenschaftliche Methode der Dendrochronologie wird noch angezweifelt. Bis eine absolut exakte Datierung entsteht, wird es nicht möglich sein, die Gründung dieser Stadtanlage genau festzustellen. Wenn wir diese genaue Datierung jedoch »wissen« wollen, dann geht der Abbruch und das unkontrollierte Bauwachstum weiter, denn manche wollen wissen und zerstören dabei diese Stadt.

Diese Stadt hat einige Kunstepochen überstanden, aber auch von ihnen profitiert. In der Romanik wurde sie erbaut, Zeugnisse der Gotik, der Renaissance und des Barock sind noch vorhanden, aber auch die Gründerzeit ist als eigenständiger Stil vorhanden. Die klassische Moderne fehlt. Die so genannten Kunstintervalle (Nierentischzeit, Brutalismus etc.) werden kürzer und fokussieren sich auf den »individuellen Stil« des einzelnen Architekten, den eigenen und unverwechselbaren Ausdruck seines geistigen Eigentums und dieser wird in jeden Raum verpflanzt, der sich ihm bietet. Ob die Samenkörner dieser baulichen Ideen letztendlich zu dem heranreifen, was man als Baukultur bezeichnet, wird oftmals nicht nur durch die Bauherren bestimmt. Dies alles ist in dieser Stadt möglich. Solches Bauen ist an jeder Ecke unserer Stadt sichtbar. Es ist jedoch ein Unterschied, ob man in einer gedachten oder in einer gewachsenen Stadtstruktur plant und baut.

84.1 Villingen, saniert? Beispiel!

Vor allen Dingen dann, wenn diese Stadt ein solch bauliches, baukünstlerisch hochwertiges Erbe besitzt wie Villingen. Die zeitlichen Intervalle der sich ablösenden Kunstrichtungen werden immer kürzer. Die sich zurzeit zeigende zweite Moderne wird überlagert durch den Dekonstruktivismus. Die neue Kunstrichtung ist, wenn wir den Medien glauben, der Individualismus. Gerade auch in unserer Stadt Villingen ist diese Richtung ebenfalls schon ablesbar. Ob es sich um Kunst handelt, möchte ich nicht beurteilen. Ob Villingen eine Architektur des Individualismus verträgt und aufnehmen kann, ist für mich aber fragwürdig. Wenn ein Architekt den Auftrag erhält, an der Akropolis eine Sanierung durchzuführen, dann wird er mit Respekt diese Arbeit durchführen. Das gleiche trifft zu am Kölner Dom oder am Ulmer Münster, für Notre-Dame-du-Haut oder das Seagram Building und viele andere Gebäude, an denen die Architektengenerationen mit Ehrfurcht stehen. Mein Ziel ist es, dass man diesen Grundriss von Villingen so behandelt, wie es ihm zukommt: als Stadtbaukunst des Mittelalters in allerhöchster Güte. Ich hoffe, dass gerade die Architekten, die seit den 60er-Jahren von profunder Stelle die Meinung vernahmen, dass Villingen eine gewachsene Stadt sei, nunmehr umdenken und Villingen dem gedachten, dem ideellen, dem geistigen Ursprung zuordnen.

Als in den 80er-Jahren der Stadthallenwettbewerb durchgeführt wurde, haben 60 Architekten aus ganz Baden-Württemberg an diesem Wettbewerb teilgenommen. Ein großer Teil wollte einen Abschluss der Niederen Straße erreichen und hat damit wesentliche Stadtstrukturteile südlich der Bertholdstraße der bestehenden Überbauung geopfert. Diese Architekten einschließlich der Fachpreisrichter waren gefangen von dem Raum und dem möglichen Abschluss der Niederen Straße. Die Architekten, die die gewachsene Struktur südlich der Bertholdstraße respektierten und ihre Gebäudevorschläge nach ihr ausrichteten, waren für das Preisgericht unspektakulär und die Lösungsvorschläge wurden mit einem Ankauf bedacht. Gerade die Lösung dieser Gruppe, nämlich die Respektierung und der zurückhaltende Umgang mit alter Bausubstanz, wurde nunmehr als städtebaulicher Ansatz vom Neuen-Tonhallen-Architekten und Wettbewerbsarchitekten der Großen Stadthalle umgesetzt. Welches die richtige Lösung für die Antwort eines städtebaulichen Problems ist, zeigt sich in den verschiedenen Antworten des Preisgerichts, was tatsächlich gebaut wurde und wer letztendlich daran mitgearbeitet und eine Lösung mit geschichtlichem Hintergrund aufgezeigt hat. Diese unterschiedlichen Auffassungen über Architektur hinsichtlich dem Freiheitsgedanken ohne einer Unterordnung eines vorhandenen Strukturgerüstes und der Anpassung an bestehende städtebaulich hochwertige Räume werden dafür sorgen, dass dieser

Veränderungsprozess dieser Stadt und damit des Stadtgrundrisses weitergeht. Billigbauten, die einen maximalen Profit versprechen, werden immer mehr diese Stadt verändern. Die Mutation wird fortschreiten und jedes weitere Gebäude wird zum Bauverkrebsungsprozess beitragen, da sich nur wenige Gebäude an den Gesetzen dieser Stadt ausrichten werden. Hierbei wird von entscheidender Bedeutung sein, wie sich die Bebauungen im Krawazi und im Riet zeigen werden. Gebäude wie das Amtsgericht haben sich wahrlich nicht hervorgetan im Hinblick auf eine städtebauliche Rücksichtnahme. Ihre Kunstgattung war und ist jedoch klar erkennbar. Der von ihnen gebildete Baukörper ist bis heute ein Werk, welches qualitativ hochwertig ist, aber er hätte hinter dem Stadtgrundriss jedoch zurückstehen müssen. Das bauliche Schicksal des Amtsgerichtes kennen wir heute noch nicht.

Der Nachfolgebau des Hotel Blume-Post ist jedem bekannt. Genau an diesem Beispiel sehen wir, wie der Stadtgrundriss seine Ursprünglichkeit verliert. Verschiedene Hofstätten werden zusammengefasst und überbaut. Das Nachfolgegebäude wurde in einer Zeit erstellt, die eine Uniformität erkennen lässt, die so nicht in das Stadtbild von Villingen passt. Wenn wir uns, wie eingangs erwähnt, nochmals den Reichstag vor Augen halten, so ist dieses Gebäude sicherlich ein Wahrzeichen für Berlin, für Köln ist es der Dom, für Villingen war es lange Zeit die Blume-Post. Man könnte noch viele Wahrzeichen aufzählen. Aber einen Schatz hat dieses Villingen: dies ist der Stadtgrundriss, nachweislich geplant und gegründet im südlichen Bereich. Wer durch diese Stadt geht, spürt und empfindet es, manche weniger, manche mehr. Um es mit Aristoteles zu sagen: Villingen war die Spur Gottes. Das Wesen und ihre Lage wurden erkannt. Hoffen wir, dass Villingen ein wenig zur Ruhe kommt in der schnelllebigen Zeit und ihrer folgenden Kunstrichtungen.

Villingen ist einzig, denn auf der Welt haben wir keine Stadt, die ähnliche grundrissliche Qualitätsformen auch im geschichtlichen Zusammenhang aufweist. Ich bin überzeugt, dass Villingen nicht nur für die Vergangenheit steht, sondern auch mit seiner planerischen rund 1000-jährigen Stadtgestalt in die Zukunft weist. Wer aber gerade die städtebauliche Entwicklung nicht nur in Deutschland sieht, dem wird klar, dass Villingen, diese alte und historische Stadt, Beispiel geben kann, wie unsere zukünftigen Städte aussehen könnten, gerade im Umgang mit der Landschaft, der Verdichtung, dem Verkehr. Die planerischen Überlegungen könnten Grundlage für eine zukünftige Stadt oder einen Stadtteil geben. Will man allerdings solche planerischen Überlegungen nicht anstellen, so ergibt sich die Frage, ob man die baulichen Entwicklungen nicht dem städtebaulichen Wachstumsprozess überlässt, der aus sich heraus schon die richtigen Entscheidungen hinsichtlich einer Formfindung trifft. Solche Wachstumsprozesse findet man gerade auch in geplanten Stadtstrukturen.

Ein Beispiel hierfür ist das Amtsgericht mit den nachfolgenden Gebäuden (ehemaliges Finanzamt, Bankgebäude, Kino etc.). Ich möchte nicht einer historisierenden Architektur in Villingen das Wort reden. Das von der Denkmalpflege gezeigte Vorgehen, der Verbindung von Alt und Neu, hat nach meiner Überzeugung dort eine Grenze, in dem der Villinger Stadtgrundriss (Hofstättenmaß) überschritten bzw. zusammengefasst wird. Ich bin ebenfalls davon überzeugt, dass die Qualität, und zwar eine vorstellbare sanierte Qualität, zu erhalten ist bzw. darüber hinauszugehen hat durch das Neue. Qualität kann man nicht verordnen.

Für Qualität sind einzig und allein der Architekt zusammen mit seinem Bauherrn verantwortlich. Deshalb stellt sich die Frage, wie man diese beiden nachhaltig unterstützen kann, um eine qualitätvollere Architektur in unserer Stadt zu erhalten. Die zurzeit praktizierte Vermietung der Ladengeschäfte wird aufgrund der Attraktivität der Fußgängerzone weiter zunehmen und dafür sorgen, dass im Erdgeschossbereich eine billigere Ausführung der Materialien verwandt wird. Qualität aber ist eine Frage der Ästhetik und der Nachhaltigkeit und nicht der Rendite. Um mehr Qualität in diese Stadt zu installieren, wäre es zum Beispiel denkbar, wenn Bauherr und Architekt von außen, d. h. von international tätigen Architekten, unterstützt würden und auch durch finanzielle Mittel. Dies gilt natürlich nur dort, wo die Eigenheiten Villingens nicht erkannt werden. Die Beteiligung von internationalen Architekten, die sich insbesondere bei der Verbindung von Neu und Alt profiliert haben, würde dazu führen, dass man von ihnen lernt, dass man ihre Gebäude in Erinnerung behält, vergleichbar mit der Blume-Post. Erinnern wir uns an die Struktur Villingens – gedacht und nicht gewachsen – und vergegenwärtigen wir uns, was architektonisch und städtebaulich Raum und Materie bedeuten. Gerade der geistige Abdruck des »Positiven« und nicht des »Negativen« ist für uns Architekten und sicherlich nicht nur für uns von entscheidender Bedeutung. Die Pilgerstätten der Architektur halten uns in Bann, weil sie das Positive repräsentieren: Akropolis, Kölner Dom, Guggenheimmuseum, Reichstag etc. pp. Auch der Villinger christliche Kreuzraum ist so eine Pilgerstätte bzw. könnte es werden. Durch die Verflachung der Qualität der baulichen Entwicklung in der Villinger Innenstadt wird es immer weniger Erinnerung geben, denn die Frage stellt sich, ob das heutige K+L-Gebäude nach einem möglichen Abbruch uns ebenso lange in Erinnerung bleibt wie die Blume-Post.

Abbruch Gerberstraße

Das Bild **(B86)** zeigt den mir zuletzt bekannten Abbruch in der Villinger historischen Innenstadt. Hier handelte es sich um drei Gebäude aus dem Mittelalter. Den Zeitungsberichten war zu entnehmen, dass ihre Gestehung ins 13. Jahrhundert zu datieren ist. Man wird sehen, ob ihre Ersatzgebäude zumindest eine ähnliche Qualität besitzen. Auf Grund des Dargelegten, bin ich für den formalen und qualitativen Wiederaufbau der Villinger Altstadt, wie sie sich um das Jahr 1800 formal darstellte. Rekonstruktionen sind nur dort sinnvoll, wenn Originalteile vorhanden sind. Gerade das Spannungsfeld zwischen Neuem, auf historischem Grundriss, mit den spezifischen Baumerkmalen der Villinger Kernstadt, und dem alten historischen Baufundus lässt eine Stadtentwicklung erwarten, die dem 1000-jährigen Bauentwicklungsprozess gerecht wird. Allerdings muss dem Zusammenlegen von Grundstücken zu Großgrundstücken und den folgenden Großbauten Einhalt geboten werden.

86 Villingen, Gerberstraße Abbruch

Alles sollte so einfach wie möglich gemacht werden, jedoch nicht einfacher.
Albert Einstein

Probleme und Ideen

Komplexität

Nach dem Lebenden, versinnbildlicht im menschlichen Gehirn, ist nichts so komplex wie eine durch Menschen geschaffene Stadtstruktur. Da es nur wenige Städte ohne Menschen gibt, sind Städte die komplexesten Gebilde von Menschenhand, da wir in ihnen leben. Wie können wir die Dinge noch einfacher machen in einer Stadt? Wie begreifbarer? Oft ist uns gar nicht bewusst, wie wir mit unserem Handeln anderes, das in Beziehung steht mit der Handlung, zerstören. Wir nehmen einfach nicht zur Kenntnis, dass es außer uns auch noch etwas anderes gibt.

Wie gewährleisten wir, dass wir bei den induktiven Prozessen auch die deduktiven immer mitbewerten müssen und umgekehrt, wenn wir dem jeweiligen Untersuchungsgegenstand gerecht werden wollen? Mein Ausblick für die Stadt lautet, dass es verschiedene Probleme und deren Lösungen geben muss, um eine Idee, eine Vision, eine Utopie überhaupt zu formulieren. Denn nur dann, wenn diese Problemlösungen gegeben sind, wäre eine Vision denkbar. Die Voraussetzungen, die zu einer solchen Utopie führen, sind vielschichtig und sicher nicht vollzählig dargestellt.

Villingens Zentrum

Teile Villinger Bürger wollten eine Rekonstruktion eines Stadtbrunnens aus dem Jahr 1796 (?). Er sollte bis in das Jahr 2010 wieder mehrmals modifiziert erstehen. Grundsätzlich ist eine solche begonnene Diskussion wünschenswert, sie birgt allerdings die Gefahr, dass sie von der eigentlichen Problematik, nämlich der Zusammenfassung mehrerer ursprünglicher Parzellen hin zu Großgrundstücken mit entsprechender Bebauung, ablenkt. Allerdings ist die Diskussion zunächst beendet, denn der Gemeinderat hat den Brunnen abgelehnt. Jede Stadt hat in irgendeiner Weise ihr Zentrum. Bei New York liest man es in der Höhe der Wolkenkratzer ab. Ebenso in Frankfurt. In Karlsruhe liegt das Zentrum der Stadt im Schlossturm. Bei Freudenstadt im quadratischen Marktplatz. Villingens Zentrum ist zwar optisch vorhanden, aber noch nicht markiert. Ich bin davon überzeugt, dass der zentralste Punkt der Kernstadt Villingens einer Antwort bedarf, die in die Zukunft weist, aber auch die Vergangenheit mit einschließt. Dieser Punkt ist der Schnittpunkt der beiden Straßenräume. Diese Straßenräume wurden lange Zeit als Zähringerkreuz bezeichnet. Der Schnittpunkt der Straßen wurde in Villingen auch Knochen, Markt- oder Latschariplatz genannt. Wie findet man aber die richtige Lösung für diesen zentralen Ort?

Die in der örtlichen Presse aufgezeigten verbalen Alternativen führten zu immer wieder aufflammenden dualistischen Diskussionen zwischen Historie und Moderne, zwischen reiner Rekonstruktion und Ekklektizismus, zwischen Klamauk (Glonki – aber mit ernstem Hintergrund, Fasnetbrunnen) und Wasserspiel als Ponton zum Brunnen. Sprach man in der Familie, im Freundeskreis, im Verein, bei der Arbeit dieses Problem an, so erhielt man die verschiedensten Antworten. Die Diskussion um das Zentrum muss allerdings weitergeführt werden. Eine gemeinsame Lösung kann jedoch nur gefunden werden, wenn man das demokratische Prinzip unseres Gemeinwesens respektiert.

Dies bedeutet, dass »alle« denkbaren Vorschläge eingefordert, analysiert, entsprechend bewertet und der beste realisiert wird. Die Durchführung eines Wettbewerbes, an dem die Fachrichtungen Städtebau sowie Architektur und Kunst teilnehmen können, wäre ein einfaches Mittel, das Beste für das Villinger Zentrum zu finden. Auch sollte es für Villingen ein internationaler Wettbewerb sein. Sicher auch mit einem Risiko, welches allerdings kalkulierbar gestaltbar wäre. Bevor aber über etwas Entsprechendes nachgedacht werden kann, ist jedoch die Frage der Finanzierung sicherzustellen. Wenn alle, die sich über die Presse äußerten, sich darauf beschränkten, das Beste für Villingen zu wollen, dann wäre dies auch möglich. Die Kenntnis der Eigentümlichkeiten und die Gesetzmäßigkeiten eines Wettbewerbes sind dabei allerdings Voraussetzung. Dabei ist vor allem die Begriffsklärung hilfreich, denn diese Stelle Villingens ist im städtebaulichen Sinne kein Platz. Jeder, der von Platz spricht, sollte sich überlegen, was einen Platz ausmacht. Und da beginnt es: am Grund.

> *»Kein der Geometrie Unkundiger möge hier (in Villingen) eintreten.«*
>
> *Platon*

Denkmalschutz

Zu meiner nachhaltigsten Erfahrung im baulichen Schaffen zählt die Begegnung mit einem Vertreter des Regierungspräsidiums und der Stadtverwaltung bei der Überplanung des im Bild **(B87)** dargestellten Gebäudes. Es ist die letzte Scheuer in Villingen. Der damalige Bauherr, es war in den 90er-Jahren, wollte das Gebäude als Einfamilienhaus umbauen. Ich gab mir damals Mühe und fertigte verschiedene Varianten, um ein Ergebnis erzielen zu können. Es fand ein Ortstermin statt und wir stellten die Pläne vor. Die damaligen Gesprächspartner stellten – ohne wollende Kenntnisnahme der Pläne – fest, dass ein Ausbau nicht in Frage käme, da eine unter Schutz stehende Holzdecke in dieser Scheuer sei. Auf die Antwort, dass man diese Decke ja sichtbar lassen könne, folgte, dass ein Ausbau nicht möglich sei. Einem Abbruch würde allerdings zugestimmt werden müssen. Der Ortstermin war beendet. Ich war perplex. Der Bauherr war enttäuscht und ich riet ihm, entweder den Weg über seinen gewählten Vertreter im Gemeinderat zu gehen oder einen Rechtsanwalt einzuschalten. Dieses Ereignis verließ mich mit der Zeit und tauchte erst wieder auf, als ich mich mit meinen ersten Überlegungen zu Villingen befasste.

87 Villingen, Goldgrubengasse, letzte Scheuer. Verfall oder Sanierung? Keine Sanierung, da Holzdecke unter Denkmalschutz! Abbruch vorbestimmt!

Der Denkmalschutz hat und hatte eine Maxime, diese lautet: Konservierung. Gibt es einen Zusammenhang zwischen einer solchen Forderung aus dem Verständnis des Denkmalrechtes und den Abbrüchen in der Villinger Innenstadt? Lässt man ein Denkmal lieber untergehen, als dass man es verändert? Dies war für mich eine Frage in diesem Zusammenhang. In jeder Behörde gibt es so genannte Leitdienststellen, die gewisse Prioritäten genießen. Die bevorzugt behandelt werden, weil man sich davon verspricht, dass die gewonnenen Erkenntnisse und Wirkungen höherwertig sind, als bei anderen Dienststellen. Die Archäologie hat nach meiner Auffassung einen solchen Stellenwert in der Struktur des Denkmalschutzes. Bis zu dieser Überlegung war ich der Ansicht, dass die Hausbesitzer am Abbruch der alten Häuser allein verantwortlich waren, was manche ja auch sind, aber sicher nicht alle. Wenn man aber den oben genannten Gedanken mit einfließen lässt, dann spielt die Denkmalbehörde sich gegenseitig ihre Optionen und Möglichkeiten zu. Die Archäologie kann nur wirken und neue Erkenntnisse erlangen, wenn das Gebäude abgebrochen ist. Nur dann kommt sie an ihre Wirkungsstätte: an die Fundamente. Dort findet sie ihre Teil-Erkenntnisse, lässt das GANZE außer Acht und überlässt es damit der Zerstörung. Denn wie die Grabungsstelle überbaut wird, liegt außerhalb der Archäologie. Anhand diverser Grabungsergebnisse wird dann auf das Ganze geschlossen, mit der Feststellung, dass dieses nicht geplant sein kann. Es werden nur Teile untersucht und das ganzheitlich-deduktive Ergebnis außer Acht gelassen, da dieses aus der Denkmalseite als Ganzes gar nicht untersucht wurde. Man lässt Abbrüche zu, ohne dass die Ersatzgebäude untersucht, beurteilt und genehmigt wurden. Durch ein solches Vorgehen überlässt man Villingen der induktiven Erneuerung, die keine Verbindung zur ursprünglichen Gestalt der Stadt erkennen lässt. Die bestehenden Satzungen werden negiert und das genehmigt, was politisch oder wirtschaftlich gewollt wird bzw. war. Der Denkmalschutz darf nicht degenerieren. Er muss Gebäuden den Stellenwert geben, der ihnen gebührt. Er darf Eigentümer nicht davon abhalten, ihre Gebäude zu sanieren. In den bisherigen Bauentscheidungen zu Villingen wurde nicht berücksichtigt, dass in einer Gesamtanlage ein Gebäude für das Ensemble einen ungemein höheren Stellenwert hat, als ein einzelnes Bauteil für das Gebäude. Dies sollte man beim zukünftigen Denkmalschutz für Villingen berücksichtigen. Ob die Handlungen der Denkmalpflege bewusst oder unbewusst geschehen sind, ist nicht beweisbar in der Handlung, aber im jeweiligen Ergebnis, das sich in der Stadt zeigt. Die Scheune in der Goldgrubengasse wird immer mehr verfallen. Sie wird ein städtebauliches Opfer, wie so vieles in der Stadt.

Hausbesitzer

Es gibt nur noch wenige Gebäude, die durch ihre Eigentümer so unterhalten werden, dass diesen ein baulicher Charakter zugebilligt werden kann, der der Qualität der Gesamtstadt entspricht, wie z. B. dem Ritterschen Haus in der Rietstraße. Eine solche Haltung ist nicht einfach und bedarf eines baukünstlerischen Verständnisses, vielleicht aber auch anfangs die Rücknahme der eigenen Rendite. Vielleicht gelingt es, die Hausbesitzer für ihre Häuser wieder zu begeistern, sodass sie bei ihren Vermietungen an Filialisten wieder das Erscheinungsbild des Gebäudes berücksichtigen. Mir ist klar, dass so wie im Wettbewerb um einen Auftrag der wirtschaftlichste die Arbeit erhalten soll, so es auch bei den Vermietern ist. Derjenige, der am meisten Miete zahlt, erhält den Zuschlag. Vielleicht kann man diesen Prozess stoppen, sodass Mieter mit hochwertigen Produkten einen Vermieter finden. Das Erscheinungsbild des Gebäudes ist allerdings das Wichtigste, denn es ist die kleinste Einheit der Stadt und sollte so in Erscheinung treten, dass es mit dem Ensemble und den entwickelten Baugesetzen im Einklang steht. Diese Einheit ist nur noch selten anzutreffen, da die Ladenzone sich meist im Widerspruch zu den Obergeschossen befindet.

Händler

Es wäre zu wünschen, dass ein vielfältigeres, qualitätsvolleres Angebot durch die Händler sichergestellt würde. Die Forderung nach größeren Einheiten würde dem Stadtgrundriss und seinen Elementen widersprechen. Immer häufiger ist die Qualität der angebotenen Waren unangemessen, wiederholt sich und man möchte sich wünschen, eine qualitätsvollere Ware entsprechend der Qualität der Gesamtstadtanlage würde angeboten.

> *»Im großen Garten der Geometrie kann sich jeder nach seinem Geschmack einen Strauß pflücken.«*
> *David Hilbert*

Bauexperten

Ob Architekt, Statiker, Genehmigungsbehörde, Rat: alle tragen gemeinsam mit dem Bauherrn die größte Verantwortung für diese Stadt. Bei jedem Vorhaben findet ein Prozess statt, der meist den einfachen Weg einschlägt. Irgendjemand soll entscheiden. Doch wie stellt sich diese Einfachheit in einem solchen Ensemble dar? Wie einfach kann man eine solche Stadt machen, damit man entscheiden kann, und welcher Ansatz wird verfolgt? Es gibt seit 20 Jahren schriftliche Fixierungen, wie gebaut werden soll, aber man folgt ihnen nicht. Die Kräfte wollen etwas anderes, obwohl die gleichen Kräfte sich der schriftlichen Fixierung unterordnen sollten. Dies ist die Crux. Man trifft Vereinbarungen und hält sich nicht daran. Wie wollen die Kräfte fordern, dass sich andere an Vereinbarungen halten sollen? Durch diesen Prozess der sich immer wieder darstellenden Einzelkräfte in ihrer eigenen egoistischen Forderung wird ein Gesamtkunstwerk schleichend zerstört. Ich bin ein Verfechter der Demokratie, allerdings nicht der, die egoistisch geprägt ist. Deshalb müsste die bauliche Entwicklung der Villinger Kernstadt begleitet werden durch eine unabhängige Stelle. Die hier bauenden Architekten dürften nur anhand der bestehenden Satzungen bauen. Die darin gemachten Vorgaben müssten klar eingehalten werden. Ausnahmen gibt es bis auf weiteres nicht. Eine fachlich fundierte Behörde müsste diesen Prozess begleiten. Einstein schreibt, dass es so einfach wie möglich gemacht werden soll. Der bekannte einfache Weg war das Finden der Spitze, die dann die Vorgaben ableitete und delegierte, allerdings nicht für die bedeutungsvolle Ausstrahlungskraft dieser einmaligen Stadtanlage. Wenn man diesen Prozess stoppen will, bedarf es Fach- und Sachkunde und des

Erkennens, das die letzten 30 Jahre nachteilig für die Stadt waren. Begonnen wurde dieser Prozess durch den Ersatzbau der Blume-Post, dem Feuerwehrhaus und dem Bankgebäude in der Gerberstraße, eigentlich aber durch das geplante Landgericht, dem heutigen Amtsgericht. Die Zusammenfassung mehrerer Grundstücke und den Nachfolgegebäuden führte zu diesen Großprojekten. Dieser Prozess muss gestoppt werden. Die bestehenden Gesetze und Verordnungen würden ausreichen, um die Stadt zu schützen, wenn man sie in ihrer vollen Aussage anwenden würde. Man muss sich jedoch entscheiden, welchen Weg man weitergehen will: Eine nachhaltige weitere Zerstörung dieser Stadt oder ein Erkennen, dass eine baukünstlerische Stadtanlage geschützt werden muss.

Nachbetrachtung

Jeder der sich für den Erhalt der Stadt Villingen einsetzt braucht einen langen Atem, denn dies zeigt die Nachbetrachtung einer Ausschusssitzung zur Bauvorschriftensatzung »Historische Innenstadt Villingen«. Diejenigen, denen Villingen nahe liegt, können froh sein, dass die geplante Satzung nicht in Kraft gesetzt wurde, denn damit hätte man die negative bauliche Entwicklung der letzten 40 Jahre legitimiert, inklusive des Nachfolgegebäudes der Blume-Post. Analysiert man die berechtigten Stimmen, dann ist eine der Meinung, dass Villingen selbstverständlich schützenswert ist aber nicht um jeden Preis. Ein solch überzogener Preis sei die Forderung der zuständigen Behörde einen 60-cm-Sockel anzuordnen. Dies ist offensichtlich für diese Stimme das Problem, nicht der Schutzgegenstand wie sie in der gültigen Satzung aus dem Jahre 1991 formuliert ist, der Schutz der Parzelle, die Traufstellung der Dächer, die Lochfassade, die Sockelgestaltung, die Hierarchie der Straßen in der Gebäudehöhe etc. etc. Leute die etwas bewegen wollen, brauchen ihre Freiheit wird argumentiert. Ist es die Freiheit soviel wie möglich Profit zu machen im bedeutungsvollsten Kulturgut welches wir in Süddeutschland haben, mit so wenig Einsatz wie möglich. Die Klientel muss befriedigt werden. Wenn sich jemand ein Denkmalobjekt kauft oder besitzt, dann weiß er doch, dass er den Vorgaben dieser Behörde zu entsprechen hat. Ganz Villingen und nicht nur Teile von Villingen stehen unter Denkmalschutz, nämlich dem so genannten Ensembleschutz. Die seit 1991 bestehende Satzung über die Gesamtanlage der historischen Innenstadt würde ausreichenden Schutz für das Erscheinungsbild Villingens bieten, allerdings nur dann, wenn man diese Satzung in ihrer Intention auch anwenden und sie nicht nur als Alibifunktion benutzen würde, wie dies beim Müllerareal und im unteren Gerberviertel geschehen ist. Man braucht keine Satzung die einen vermeintlichen Schutz darstellen soll und der tatsächlich keiner ist. Der Bürger fragt sich doch zu Recht, ob das Recht für Alle gelten soll oder nur für den großen Teil. Wenn ein Sockel zum Anlass genommen wird über eine der wesentlichsten zukünftigen Satzungen für Villingen der nächsten Jahre zu beraten ohne überhaupt die bestehende Satzung und deren Inhalt und deren Bedeutung zu erwähnen, dann wäre es sinnvoll den § 3 der gültigen Satzung (Schutzgegenstand) zu analysieren (Homepage VS). Wenn sich jemand der etwas bewegen will, behindert fühlt an einer Sockelhöhe von 60 cm, dann hat er vorher nicht genügend analysiert in welcher Stadt er sich verwirklichen will und vielleicht kann. Villingen steht als Gesamtanlage unter Denkmalschutz und jeder Bauwillige muss gewisse Vorgaben erfüllen. Dies sollten alle Beteiligten insbesondere die gewählten Technikexperten wissen, die das Recht Villingens kennen bzw. kennen sollten.

»Vom wahren Schatz«

> *Verkauft eure Habe, und gebt den Erlös den Armen!*
> *Macht euch Geldbeutel, die nicht zerreißen. Verschafft*
> *euch einen Schatz, der nicht abnimmt, droben im*
> *Himmel, wo kein Dieb ihn findet und keine Motte ihn*
> *frißt. Denn wo euer Schatz ist da ist auch euer Herz.«*
>
> *Mt 6,19–21 Die Bibel*

Theorie und Praxis

Überlegungen

Die vorstehenden Kapitel dieser Arbeit stehen für die Theorie. Ob sich was ändert, wenn man es bei der Theorie belässt? Eine praktische Überlegung ist wichtig, um der bisherigen baulichen Entwicklung in der Stadt entgegenzuwirken. Diese Überlegung soll in erster Linie zum Nutzen für die privaten Bauherren und deren Architekten sein, aber und gerade auch für die Allgemeinheit, nämlich zum Erleben des Stadtraumes. Alt und Neu, Baukörper und Raum verbunden durch die Zeit prägen den Flair einer Stadt. Blume-Post und nachfolgendes Gebäude versinnbildlichen uns die Qualität von Gebäuden, aber auch ihre Wirkung für eine Stadt und dessen Bevölkerung. Eine Stadt verliert in ihrer Gesamtheit, in ihrer gesamten Ausstrahlung, wenn qualitätsvolle Gebäude abgebrochen werden und nur durch mindere Qualität ersetzt werden. Gerade die hochwertigen einzelnen Gebäude, aber auch die äußere Form gilt es, wieder herzustellen, denn Form bedeutet Identität. Es gibt zahlreiche bauliche Beispiele, wie Bauwerke ergänzend rekonstruiert werden können. Hierbei ist die Frauenkirche in Dresden zu nennen und der Römer in Frankfurt und die Abertausenden von Gebäuden, die nach dem Zweiten Weltkrieg in ihrer Ursprungsform wieder erstanden sind, mit vorhandenem Material und Originalplänen.

Bei der Rekonstruktion Villingens muss gelten, dass die Funktion der ursprünglichen Gesamtform folgt (u.a. Hofstättenmaß). Die Gesamtform gilt als Rekonstruktionsgrundlage. Nur dann, wenn Pläne vorhanden sind, kann man daran denken, Einzelobjekte, die eine Bedeutung haben wie die Frauenkirche für Dresden, zu rekonstruieren. Sonst sollte man dem gleichen Prozess in Villingen folgen, wie er sich über Jahrhunderte bewährt hat, nämlich, dass sich jede Zeit auch baulich ausdrückt, allerdings in einem vorgegebenen Rahmen. Das Neue stellt sich zum Alten (Spätgotik, Romanik zum Barock, Gründerzeit etc.), sodass die Vielzahl der Stile ein eigenartiges Flair sicherstellen. Wichtig dabei ist, das die Villinger Baugesetze eingehalten werden. Ziel wäre, die Stadtanlage Villingens als Weltkulturerbe bei der Unesco zu beantragen. Diese Aufgabe wäre ein sehr langer Prozess. Die bauliche Entwicklung in Villingen ist unaufhaltsam. Dabei wurde noch vermehrt gegen die vorhandene Parzellenstruktur bzw. gegen die Gesetzmäßigkeiten des Villinger Stadtbildes verstoßen. Mehrere Grundstücke werden zusammengefasst und bebaut.

Der bauliche Charakter, der dadurch entsteht, widerspricht jedem formalen Anspruch, wie sich dieser über Jahrhunderte z. B. in der Brunnenstraße ergeben hat. Diese Verstöße – und damit auch gegen die bestehende Satzung »Gesamtanlage Historische Innenstadt« – kann man ablesen in der Ankergasse, der Paradiesgasse, der Thomasgasse und der Turmgasse, wobei speziell in der Paradiesgasse pseudo-moderne Architekturelemente in die Stadt aufgenommen wurden. Ein Konglomerat bisher nicht gekannter Architekturauswüchse wurde in der Stadt Realität. Es ist zu befürchten und leider auch wahrscheinlich, dass diese »wirtschaftlich-profitablen Bebauungen« nachgeahmt werden. Die deduktive Sicht Villingens soll nochmals kurz dargestellt und verdeutlicht werden. Die in der vorliegenden Schrift gemachten Überlegungen zu geplanten und gewachsenen Stadtstrukturen sollen nochmals kurz hervorgehoben werden, denn sie haben einen unmittelbaren beweisenden und damit wahren Charakter, da sie auf naturwissenschaftlichen Grundlagen beruhen, nämlich auf zwei Geometrieformen bzw. -arten und ihren Unterscheidungskriterien. Es ist klar nachzuvollziehen, dass gewachsene Städte auf fraktalen Geometrien beruhen, wohingegen eine Planstadt immer auf eine euklidische Form (Kreis, Rechteck, Quadrat) zurückzuführen ist, in der Regel bis um das Jahr 1850. Dabei ist zu unterscheiden zwischen »Ganzen Städten« und Teilgebieten einer Stadt, also z. B. einem neuen Baugebiet. Diese beiden Formen, das Quadrat zur symbolhaften Darstellung von gedachten Städten, ablesbar in jeder gedachten Stadtstruktur (Karlsruhe/Kreis, Milet/Raster, aber auch im Villinger Süden) sowie der Dreiwegeknoten, der in fast jeder gewachsenen Stadtstruktur (z. B. Spaichingen) zu finden ist, sagen mehr über den tatsächlichen Kern und Wahrheitsgehalt von Villingen aus, als die von einer Wissenschaft entfernten Aussage, dass Villingen gewachsen sei oder dass es eine südliche Erweiterung gegeben habe, das Zähringerkreuz eine Legende sei und dass, weil es keine planerischen Unterlagen oder Hinweise gebe, diese Stadt nicht geplant sei und es deshalb keinen Gründer oder Planer gegeben haben soll. Diese Annahmen, die weit in das Bewusstsein der Entscheidungsträger für Villingen gedrungen sind, sind falsch, denn der überwiegende und grundlegende Teil der Stadtgeometrie Villingens beruht auf einem euklidischen Ansatz, einer seit 2500 Jahren angewandten Geometrie, die auch heute noch einen hohen beweisenden Charakter besitzt. Die Villinger Stadtgeometrie beruht damit auf einer planerischen Grundlage, wenn man die Geometriegesetze einer gewachsenen Stadt-Dorf-Struktur gegenüberstellt.

Durch die gemeinsame Nennung von 26 Ortschaften und dem sich daraus ergebenden Formbildungsprozess hat man eine Sicherheit von 1/26, dass Villingen geplant ist, und zwar auf einer geometrischen formalen Grundlage, die auf einer naturwissenschaftlichen Grundlage, nämlich der Mathematik, beruht. Untersucht man die rund 1200 Dörfer in Baden-Württemberg, so fällt der Beweis noch höher aus. Die Eigentümlichkeiten, wie sie in Teil 1 beschrieben wurden, haben ihre Grundlagen ebenfalls in einem naturwissenschaftlichen Ansatz, nämlich in den Überlegungen zur Entropie und den damit verbundenen Gesetzmäßigkeiten. So wie im Schilterhäusle vor ein paar Jahren eine – wenn nicht die bedeutendste – Straßenführung und damit der zugrunde liegende Plan geändert wurde, so ist dies auch in Villingen vor rund 1000 Jahren geschehen: in der Verrückung des horizontalen Kreuzbalkens. Jedes menschliche Tun ist der Entropie unterworfen. Dies kann man im Büro, zu Hause, bei irgendwelchen Tätigkeiten beobachten, in denen Ordnung bedeutend sein kann. Räumt man das Zimmer nicht jeden Tag auf, so stellt sich Unordnung ein. Dies trifft im Büro zu, aber auch in einem Baugebiet. Als Beispiel kann hier das Schilterhäusle wie oben angedeutet dienen, aber auch die Villinger Südstadt, in die »neue« Häuser gebaut werden, die mit der bestehenden Struktur nicht korrespondieren. Um Ordnung aufrechtzuerhalten, bedarf es jedoch eines Quantums Energie. Baugebiete kann man allerdings sehr schwer wieder aufräumen.

Ausnahmen bestätigen die Regel, denn ein solches Ordnungschaffen war z. B., als Haussmann in Paris die großen Boulevards in die gewachsene Struktur von Altparis schlagen ließ. Ähnliches fand in Barcelona oder in Stuttgart statt. Den zeitlichen Ablauf einer Stadt kann man deshalb auch erkennen, wenn man vom Ordnungsgrad bzw. der Ordnungsqualität im geometrischen Sinn einer Stadt ausgeht. Genau hier führt die Spur des Anfangs von Villingen nicht in den Norden, sondern nach Süden ins Krawazi und ins Riet, zu den orthogonalen Quadraten der Baublöcke, im Gegensatz zu den schiefwinkligen im Norden. Für mich ergeben sich aus zwei naturwissenschaftlichen Ansätzen, nämlich der Gegenüberstellung von euklidischer zu fraktaler Geometrie anhand der gezeigten jeweiligen sechs Merkmale und dem Wirken der Entropie (Formstabilität anstatt Wandlung), Beweise, die mit einer hohen Wahrscheinlichkeit darauf (Quantenmechanik) schließen lassen, dass Villingen geplant ist und seinen Ursprung im Villinger Süden hat, wo auch das älteste bestimmbare Stück Villingens (Kernstadt) gefunden wurde, eine Fassdaube aus dem Jahre 1136 nach Christus.

Aus den dargelegten Überlegungen ist Villingen Kunst, Stadtbaukunst des Mittelalters, da man die Entstehung Villingens geometrisch, d. h. wissenschaftlich, nur auf einen planerischen, einen geistigen Akt zurückführen kann.

> *Was wirklich zählt, ist Intuition.*   *Albert Einstein*

Idee, Vision, Utopie

Eine utopische Zufriedenheit würde sich schon dann einstellen, wenn dem durch die Blume-Post eingeführten Prozess der Zusammenlegung von Grundstücken Einhalt geboten würde, denn dieser Prozess ist in einer Stadt irreversibel. Ob wir damit rechnen können, ist nach meiner Auffassung unwahrscheinlich, da der sich in Arbeit befindende vorgelegte zuständige Satzungsentwurf diesen Prozess ausklammert, ja beschönigt. Deshalb muss man Bedenken anmelden. Ob der von der bisherigen Satzung formulierte Schutzgegenstand übernommen und ausgebaut wird oder ob dieser Schutz flacher ausfällt, wird sich zeigen. Die Formulierungen der bisherigen Satzungen würden ausreichen, um die Stadt vor einer chaotischen Entwicklung zu schützen. Allerdings müsste man diese Satzung in ihrer Intention auch anwenden. Ergänzen könnte man diese Satzung durch ein einzuführendes Vorkaufsrecht der Stadt, wofür im Haushalt Rückstellungen zu bilden wären. Würde es sich bei Villingen um eine gewachsene Stadtstruktur handeln und würden die Bemühungen als absolut negativ anzusehen sein, so wäre dieses Buch sicherlich nicht geschrieben worden. Da es aber verschiedene Ansichten gibt, auch unter den fachlich Versierten, ist es schwierig, die Position von Villingen zwischen geistiger Schöpfung und natürlicher Schöpfung zu definieren und vor allen Dingen für den Bürger zu transportieren.

Deshalb muss dieser Prozess den Bürgern nahe gelegt werden mit einer vielleicht möglichen Vision, die lautet, dass man Villingen wieder aufbaut. Eine Teilidee hatte man auch schon in den 80er-Jahren des letzten Jahrhunderts. Damals ging es um das Niedere-Tor-Projekt. Diesmal wäre die Gesamtanlage als Endausbau im Blickfeld. Die den Toren vorgelagerten Erker. Der ehemalige Verteidigungswall, der zum Informationswall werden soll. Die Nutzung wird von einer Aussenstelle der Universität Freiburg übernommen. Die Lehrstühle für Villingen und Schwenningen sind einerseits die theoretische Physik für Villingen, anfangs im Romäusgymnasium untergebracht, welches einen Ersatzbau auf dem Tonhallenareal erhält.

Die angewandte Physik andererseits für Schwenningen in einem Gebäude im Oberdorf. Im Zentralbereich könnten in einem neuen Gebäude die beiden Fachbereiche Wirtschaft und Theologie ihren Standort finden zur Entwicklung von »würdevollen Produkten«, die theoretisch gespeist werden aus der studierten angewandten und theoretischen Physik. Das Ziel für die VS-Aussenstelle der Universität Freiburg lautet: Die Vereinheitlichung von Quantentheorie und Allgemeiner Relativitätstheorie. Die Früchte der Theorie fließen der Anwendung zu, die dann die Ergebnisse der Praxis im Zentrum zukommen lässt. Mit den in der Umgebung ansässigen kleinen Unternehmen wird eine Zusammenarbeit vereinbart. Das wäre kurz umrissen meine kleine Vision für Villingen und Schwenningen. Lächerlich, wenn man eine Einzelmeinung damit in Verbindung bringt.

Wenn dies jedoch eine ganze Stadt wollte, wäre es ein Anfang. Warum aber auch Schwenningen? Ich glaube an die Erweiterung von Europa und bin für die damalige Zusammenlegung der beiden Städte gewesen. Wir haben ein Potential, das in der Geschichte ableitbar und auch einmalig ist, wenn es gelingt zusammenzuarbeiten. Bürk hat die im Schwarzwald erfundenen Uhren weiterentwickelt für seine Stechuhr. Daimler (Württemberger) und Benz (Badener) haben ein Weltunternehmen geformt.

Warum gibt es in Württemberg eine weitaus größere Zahl von kleinen bzw. Kleinstunternehmen als in Baden. Warum heißt es im Volksmund: »De Schwenninger het Wurscht g'fresse, bevor se de Villinger überhaupt schmeckt.« Den Vertretern dieses Spruches sage ich immer: »Defier het de Villinger koe Buchweh.« Warum gibt es in Baden das Bundesverfassungsgericht? Warum fand hier die erste Revolution statt? Warum gibt es hier die meisten Sterne-Restaurants? Warum hat der Badener eine gewisse Trägheit? Warum überlässt er manch einfache Frage der Beantwortung anderer? Das Denken führt zu Erkenntnissen, die einmal mehr oder weniger

Bestand haben. Das Tüfteln führt zu funktionierenden Produkten. Villinger und Schwenninger, Badener und Württemberger sind geradezu prädestiniert, diese zwei Fähigkeiten zusammen zu leben. Ich glaube an die Bürger dieser Stadt. Würde man sie zusammenführen können, was nach 30-jährigem Prozess immer noch nicht gelungen ist, dann müßte man nur noch warten, bis ein ähnlicher Prozess wie bei Benz bzw. Bürk begänne und eine wahrhaft nachhaltige Entwicklung hätte eine Chance. Heute wird über Eliten fabuliert und man fördert alles und jeden. An diese Stadt hat das Land noch eine Bringschuld (Amtsgericht und Zusammenlegung). Man kann den Bürgern nicht etwas versprechen und sich dann aus der Verantwortung stehlen und die Stadt ihrem Schicksal überlassen. Es war doch klar, dass eine Verbindung an der Nahtstelle zwischen Baden und Württemberg ohne übergeordneten visionären Charakter nicht funktionieren konnte und kann. Es muss eine Einrichtung geschaffen werden, die nicht den induktiven Prozess wie Bildung und Sport (Schwenningen) und Kultur (Villingen) unterstützt, sondern ein verbindendes Moment für die Städte, ja für die Bürger sicherstellt. Dies könnte eine Aussenstelle der Universität Freiburg sein. Das Sein der Universität verdankt ja Freiburg auch einem Villinger. Eine solche Utopie würde Einigung voraussetzen und da habe ich meine Bedenken, denn die Entwicklung um das Villinger Zentrum hat gezeigt, mit welchen Egoismen, Standpunkten, Interessenlagen man in einem solchen Prozess zu rechnen hat. Eine Beantwortung für das Villinger Stadtzentrum und die Einrichtung einer Universität haben natürlich eine ganz andere Qualität, weshalb ich überzeugt bin, dass meine Idee einer »physikalisch-wirtschafts-theologischen Universität« gekoppelt mit dem Wiederaufbau von Villingen Utopie bleibt, sofern andere sie nicht aufgreifen. Man darf sie jedoch formulieren. Keine Utopie oder Vision ist meine Darstellung der sich abgezeichneten Stadtgeometrien.

Hier handelt es sich um einen mathematischen formalen Beweis gegenübergestellter Geometrien, deren Anwendung meines Wissens bisher nur in dieser Arbeit vorgenommen wurde. Eine Studie, die aufzeigt, dass Villingen in seiner 1200-jährigen Namensgeschichte eine euklidische Geometrie besitzt, die auf einen geistigen menschlichen Akt zurückzuführen ist, da gewachsene Städte einer fraktalen Geometrie folgen. Ich muss aber in diesem Zusammenhang Herrn Günther Schöfl danken, den ich nicht persönlich kenne. Denn ohne seinen Aufsatz über die Minimalnetze und der aufgezeigten Form des Drei-Wege-Knotens, der mit dem Newton-Fraktal in Verbindung gebracht werden kann, wäre ich nicht auf die Verbindung zwischen gedachten und gewachsenen Stadtgeometrien hingewiesen worden, die damit auf wissenschaftlicher Differenz nachzuweisen und zu beurteilen sind. Frau Barbara Zibell von der Eidgenössischen Technischen Hochschule in Zürich hat in ihrem Werk »Chaos als Ordnungsprinzip im Städtebau« die Geometrie des Chao's, im Städtebau dargestellt.

Ihre Arbeit zeigt, dass die mathematische Grundlage eines Benoit Mandelbrots Eingang findet im städtebaulichen Forschungsprozess und dass das Denken derer, die sich mit der Stadt und deren Entwicklungsgesetzmäßigkeiten beschäftigen weiter, fortschreitet. Wenn man sich vergegenwärtigt, dass die gewachsenen Strukturen eine Ordnung besitzen, basierend auf einer gebrochenzahligen Dimension, ist doch die Frage, wie kann man diesen Prozess nutzen, um den bisher benutzten städtebaulichen Prozess abzulösen bzw. zu ergänzen in einem wechselseitigen Lernprozess der Geometrien. Die bisher investierten Finanzmittel wurden und waren jahrelang in den Baugebieten gebunden und konnten zum großen Teil erst nach Jahrzehnten beim Grundstücksverkauf refinanziert werden. Was bleibt, ist die Tatsache, dass die gewachsene Stadt eine Ordnung besitzt, die man jetzt vergleichen kann.

> *Ich lasse die Weisheit der Weisen vergehen.*
> *Und die Klugheit der Klugen verschwinden.*
> *Die Botschaft vom Kreuz 1 Kor. 19*   *Die Bibel*

Wissen

Lange bevor ein Fachbereich, ob Archäologie, Denkmalschutz, Historiker, Behörden, Architekten, Städtebauer u. a. Fachleute, sich wissenschaftlich oder sonst wie über Villingen geäußert hat, wurde durch die Villinger Bevölkerung in treffender Weise geurteilt:

»Schwenninge isch e Dorf, un mir sin e Stadt.«

Was wahr ist, muss wahr bleiben. Heute würde man verkürzt sagen: Schwenningen ist eine gewachsene Stadt und Villingen eine geplante. Diese beiden Strukturen gilt es zusammenzuführen, wobei jede in ihrer reinsten Form erhalten bzw. sich entwickeln muss. Die Kernstadt von Villingen bedarf allerdings eines außergewöhnlichen Schutzes, da es sich bei ihr um Stadtbaukunst, um eine Planstadt des Mittelalters handelt.

Das wissenschaftlich nachgewiesene Phänomen, dass der durch Menschen verursachte induktive Wachstumsprozess (26 Orte) im jahrhundertelangen Bauen einer Stadt mit dem natürlichen Wachstum von Pflanzen und den gebildeten Formen eine mathematisch-geometrische Vergleichbarkeit besitzt, ist beeindruckend und wird sicherlich noch weiteren Forschungsgegenstand beherbergen.

> *Wer sich keinen Punkt denken kann,*
> *der ist einfach zu faul dazu.*   *Wilhelm Busch*

Realität und Gedanken

Diese Schrift »Stadtkulturerbe Villingen« ist der Schlusspunkt zur Stadt – im euklidischen Sinn. Begonnen hat es mit den Informationsschriften »Gedanken zur Neuordnung des Sanierungsgebietes Niederes Tor und den damit verbundenen Standort der Neuen Tonhalle« und mit »Die Chance des Niederen Tor« (1). Die vorliegende Arbeit ist kein Bilderbuch, sondern eher ein Denkmalbuch und wird wahrscheinlich nur bei einem Fachpublikum Interesse finden. Der Fundus dieser Stadt ist enorm und man könnte noch manche Bücher füllen. Die Darstellung und das Interesse fußen auf dem Anfang eines Prozesses und dieser wurde dargestellt mit zwei ganz unterschiedlichen Entwicklungsabläufen. Viele werden Aussagen zu den Gebäuden vermissen wie Kirchen, Klöster, öffentliche Gebäude etc., zu den Kulturgegenständen. Aber der Beginn, die Idee, die umgesetzte Form des Grundrisses, gehört zum Wichtigsten und Entscheidendsten eines Objektes. Im Bewusstsein, dass der Rufer in der Wüste nicht gehört wird, gilt doch die Tatsache, dass man es zumindest versuchen muss. Angreifbar ist immer der, dem eine gewisse Nähe zum untersuchten Gegenstand nachgesagt werden kann.

Die Neutralität der Mathematik und die damit verbundene Beweiskraft der beiden dargestellten Geometrien (Teil 1–3) wird jedoch auch zukünftig Bestand haben, ob mit oder ohne Nähe zum Objekt, also zur Stadt. Die Verantwortung für das Geschehene in den letzten 30 Jahren, insbesondere die unsägliche Parzellenzusammenlegung und deren Konsequenzen, ablesbar in den damit verbundenen Bebauungen, tragen all diejenigen, die den wirtschaftlichen Prozessen einen höheren Grad beimaßen als den baukulturellen.

Vor allen Dingen sind aber die Architekten und die Bauherren gefragt, diesen Prozess der Zerstörung dieses Kulturerbes zu stoppen. Dieser Prozess wird jedoch aufgrund der wirtschaftlich Mächtigen und ihrer rethorischen Vasallen vermutlich nicht aufhören. Dabei wird die Schönheit dieser Stadt immer mehr und immer weiter verschwinden, da die Interessen, in erster Linie die wirtschaftlichen, gegenläufig sind. Schon allein auf den verschiedenen Vereinsebenen wird der städtebauliche Prozess verschieden interpretiert, einerseits als einmalige Setzung oder als Entwicklung vom Dorf zur Stadt. Allerdings ist dabei zu unterscheiden, ob es sich um verbale Annahmen ohne Begründungen im deduktiven Sinne handelt oder um wissenschaftliche Gegenüberstellungen und Vergleiche, die dann eine Theorie zulassen, die eine naturwissenschaftliche, eine geometrische Basis besitzen. Hierbei ist darauf zu achten, ob eine induktive und deduktive Gegenüberstellung die Ergebnisse rechtfertigen, denn aus der Denkmalsicht wird nur induktiv untersucht, aber deduktiv geurteilt. Vor zwölf Jahren war nicht abzusehen, wohin die ersten Gedanken führen werden. Der Prozess der Überplanung des Niederen Tores, des südlichen Teiles der Kernstadt Villingens und eingeschlossen eine der einmaligsten Versammlungsstätten, nämlich eines Gebäude-Ensembles, das eine Stilschiene von Klassizismus, Gründerzeit und Jugendstil in sich vereinigte, war noch nicht aufbereitet und der Bedeutung entsprechend untersucht. Eine der Stadt zu fordernde große Versammlungsstätte sollte es sein.

Die Ausführungen zur Sanierung des Gebäude-Ensembles wurden einerseits als gedankenlos, schlecht, unfunktional und einiges mehr gehalten. Eines der ganz wenigen Gebäude-Ensembles, das die Stilelemente der Klassik, der Gründerzeit und des Jugendstils in sich vereinigte, wurde auch nicht aus denkmalpflegerischer Sicht gewürdigt, weil kurz zuvor eine denkmalpflegerische Stimme verstummte, die sich für ein ähnliches Ensemble einsetzte. Untersuchungen zum städtebaulichen Konzept wurden einerseits für begrüßenswert, mit großem Interesse, bemerkenswert auf externer Ebene betrachtet. Die große Versammlungsstätte, Ergebnis eines Wettbewerbes, war nicht zu finanzieren und es wurde ein Ersatzprogramm aufgelegt. Denn Wettbewerbe führen immer nur dann zu einem guten Ergebnis, wenn die darin beschriebene Aufgabenstellung, insbesondere in städtebaulicher Hinsicht, auch die Problematik ausreichend beschreibt. Das einmalige Gebäude-Ensemble war aus externer Sicht angeblich nicht zu sanieren, obwohl der Sachverstand einzelner Interner anderer Meinung war. Was nicht sein durfte, wurde entsprechend begutachtet. Ein alternativer Vorschlag zur jetzigen Versammlungsstätte wurde abgesetzt.

Der Prozess war nicht einfach, weshalb an eine Veröffentlichung gedacht wurde, sodass jeder Mann und jede Frau über die Komplexität einen Einblick bekommen könne. Dies wurde jedoch untersagt, weshalb nur ein sehr kleiner Teil der Beteiligten unterrichtet wurde, einschließlich des mit einem Gutachten beauftragten Architekten. Die Beteiligten wurden mit den Gedanken, festgehalten in der Schrift »Die Chance des Niederen Tores«, konfrontiert und ihnen als Information zur Verfügung gestellt. Der dahingehende Erfolg, dass aus der unmissverständlichen Führung der Bertholdstraße und deren baulichen Folge, wie dies im Stadthallenentwurf dargestellt war, nunmehr ein Platz vorgesehen wurde, wie in der o. g. Schrift begründet, war das Ergebnis. Ein räumlich und städtebaulich diametral verschiedener Ansatz zur Lösung der Aufgabe. Das Sanierungsgebiet des Niederen Tores umfasste Teile des Gerberviertels, welche teilweise vorab behandelt wurden. Außerdem das ehemalige Jordan- und Alte-Tonhallen-Areal und den Bereich südlich der Berthold-Straße mit dem Komplex von Kurz & Gaiser. Wenn man nur die Wandlung kurz beschreibt, und das ist wichtig, um die Entwicklungen zwischen geplanten und gewachsenen Strukturen zu erkennen, die der Idee des Platzes zugrunde lag und was dann gebaut wurde, wird deutlich, mit welcher Formstabilität die Villinger Kernstadt bisher gesegnet ist bzw. war und, was weitaus wichtiger ist, auch zukünftig zu gewährleisten wäre. Allerdings machen diese drei Beispiele aber auch deutlich, wie Planung im gesellschaftlichen Prozess reagiert in solch bedeutenden städtebaulichen Situationen.

Ausgangspunkt war, ob der Preisträger der großen Versammlungsstätte die richtige Lösung formuliert hatte im einmaligen städtebaulichen Kontext. Wie schon eingangs beschrieben, waren ja auch schon andere städtebauliche Kapazitäten an dieser Aufgabe gescheitert. Die Analyse des Wettbewerbes mit über 60 Teilnehmern ergab drei Kategorien. Eine Kategorie antwortete mit einer freien Form, die jegliche städtebaulichen Bezüge vermissen ließ. Die im Süden vorgefundene städtebauliche Struktur wurde von

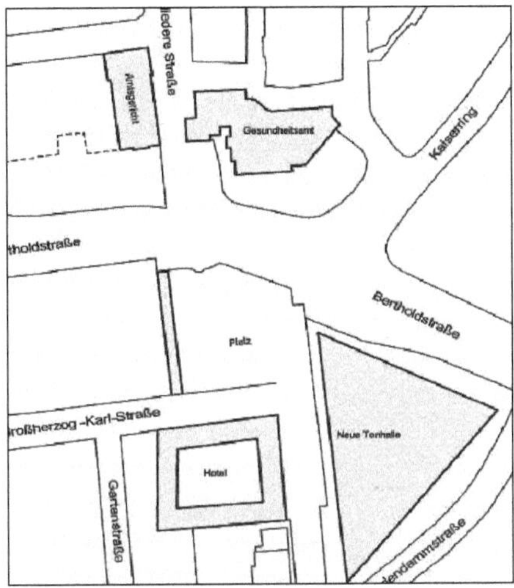

88 Variante 1
Flucht Amtsgericht-Platzbegrenzung

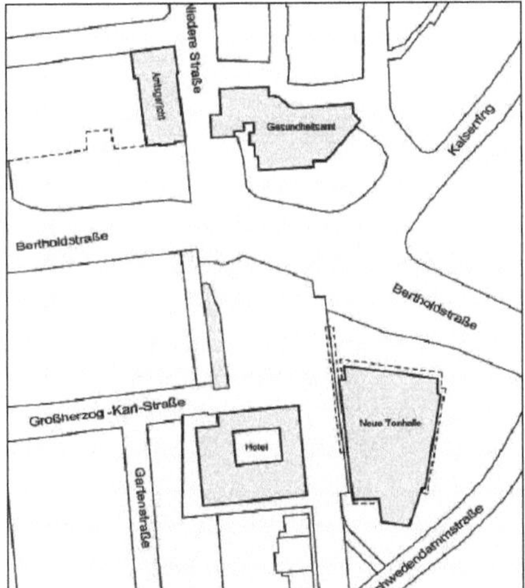

89 Variante 2
Einrückung in Straßenraum

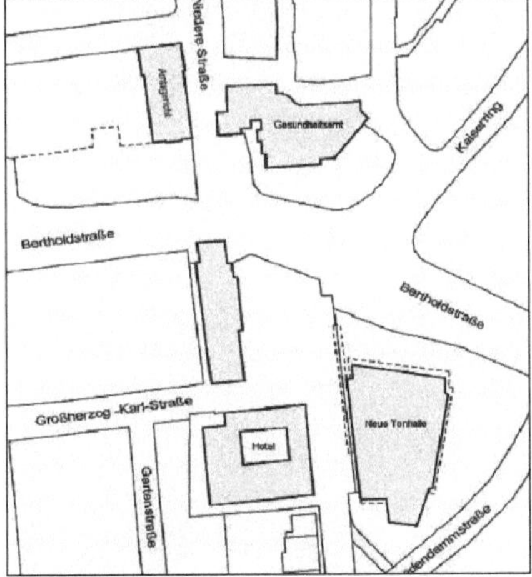

90 Variante 3
Abschluss Niedere Straße

Eine Sequenz von drei Lösungen mit grundlegend verschiedenen Ansätzen bezüglich
einer Antwort auf den einmaligen mittelalterlichen Kreuzraum

der zweiten Kategorie als Antwort gebend für richtig erachtet. Die Preisträger und damit die dritte Kategorie situierten ihr Gebäude so, dass ein stra-
ßenräumlicher Abschluss mit der Niederen Straße und ihrem Gebäude verbunden war. Verständlich, denn der Niedere-Straßen-Raum hatte eine ima-
ginative Wirkung, nicht nur auf die Architekten, sondern auch auf das Preisgericht. Wer vergleicht, was gebaut wurde, stellt fest, dass eine Mischung
zwischen zweiter und dritter Kategorie nunmehr Zusammenstimmung
fand. Die Wettbewerbsbegründungen u. a. des 1. Ankaufs reichten bei der
Wettbewerbsentscheidung noch nicht aus, eine Lösung zu prämieren, die
die südliche Struktur berücksichtigte. Gerade die Ankaufgruppe hatte nämlich das südliche städtebauliche System berücksichtigt in ihrer Lösung. Die
Aufarbeitung und Begründung zur städtebaulichen Situation war jedoch
Grundlage, die Situation nochmals zu überdenken und ist nachzulesen in
der genannten Schrift (1).

Konzentrieren wir uns nur auf die Platzlösung, mit der Beobachtung der
Größenverhältnisse, minimal auf dem Plan, jedoch in der Realität nachdrücklich, so gab es drei Varianten. Variante 1 **(B 88)** stellt in der Amtsge-
richtsflucht ein schmales zweigeschossiges als platzbegrenzendes Gebäude
zur Westseite. Die Flucht der Niederen Straße wird damit in den Platz über-
führt. Variante 2 **(B 89)** erweitert diesen Gedanken mit einem dreige-
schossigen Gebäude, welches aber aus der Flucht in den Straßenraum des
Platzes rückt. Variante 3 **(B 90)** weist ein fünfgeschossiges Gebäude aus,
das nunmehr nicht mehr die Flucht aufnimmt, sondern den Abschluss der
Niederen Straße darstellt. Kleine Planänderungen mit großer Wirkung. Jede
dieser Varianten hat eine zentrale Bedeutung für den Abschluss der Niederen Straße, wie man sie aus der Stadt erlebt. Wie diese Lösungen allerdings
zustande gekommen sind, ist bedeutsam, denn sie unterliegen ähnlichen
Prozessen, wie sie in gewachsenen Städten vorkommen und dies ist das
Entscheidende. Ich habe diesen Prozess aus einer persönlichen und nach-
vollziehbaren Sicht aufgezeichnet, da dieser Vorgang authentisch beschrieben werden kann, um darzustellen, wie sich eine solche Plan- und Bauent-
wicklung darstellt und mit welchem Ergebnis danach zu rechnen ist. Dies
ist entscheidend, um den Ablauf von gedachten und gewachsenen Prozessen überhaupt wahrzunehmen.

Der ursprüngliche Plan mit der städtebaulichen Begründung hat keinen
Bestand mehr, sondern er wird angepasst an die Bedürfnisse und dies als
Abschluss einer der bedeutendsten Straßenräume in Süddeutschland.
Meine kleine Schrift aus dem Jahre 1995 hat zumindest noch etwas anderes erreicht. Das ist die eingeschränkte Freihaltung der Wegebeziehung
zwischen Schwedendammstraße und Niedere Straße. Eine elementare
Eigentümlichkeit im Grundriss der Stadt Villingen über die Jahrhunderte
wahrnehmbar, denn die Antwort auf die Frage dieser Verschwenkung führt
zu einem Baustein, dass Villingen geplant sein muss. Dies galt es 1995
sicherzustellen und dies ist auch gelungen. All diejenigen, die der jetzigen
Versammlungsstätte das Wort redeten, obwohl es Alternativen gab, müssten heute doch den Mitgliedern der großen Vereine erklären, warum sie mit
ihren Fasnachtsbällen noch weniger einnehmen als mit dem einmaligen
Gebäude-Ensemble. Aber dies wäre ein erweitertes Feld. Bemühungen,
mich auch beruflich stadtplanerisch zu betätigen, wurden aufgrund angeblich fehlender Qualifikationen negativ beschieden. Entscheidungen bei solch
elementaren Fragen, der Sache eine höhere Bedeutung zukommen zu lassen, als die Erwartungshaltung Einzelner zu erfüllen, sollte ein allgemein-
gültiges Prinzip sein, wird jedoch immer weniger beachtet. Eine externe,
räumlich entfernt beheimatete Verantwortungsschicht leitet das Geschehen, da sie dadurch den Ort in den Facetten nicht kennen will bzw. kennen
kann. Dies hat natürlich auch Gründe, denn je genauer der Ort in den meisten Bereichen gekannt wird, umso mehr wird er für die Beteiligungskräf-
te in ihrer Freiheit eingeschränkt. Die Haltung wird jedoch nicht geändert.
Vorher wird der gegangene Weg nochmals gegangen, wenn nötig auch mit
vertieften Informationen und Erfahrungen. Komplexe Sachverhalte wie das
Niedere Tor und damit verbunden das einmalige Gebäude-Ensemble für
Veranstaltungen erfordern eine vertiefte Aufklärung und Darstellung der
Situation auch für die Bevölkerung, denn nur sie kann letztendlich sicher-

stellen, wie gebaut wird. Dies trifft vor allem für die Kernstadtbevölkerung zu. Teilweise gelungen ist der Aufklärungsprozess im Bereich des Niederen Tores, so soll es für die Kernstadt Villingen ein erweiterter Ansatz sein, die Zusammenhänge aus einem Blickwinkel zu sehen, der die Dinge objektiviert. Das ist die Geometrie, in der sich bis heute ein erhebliches Stück Wahrheit verbirgt, aber auch offenbart, je nachdem, wie man sich ihr zuwendet. In der Hoffnung, dass die Diskussion um das Villinger Zentrum weitergeführt wird und mein Zutun ein wenig zur Aufklärung beiträgt, weiter beitragen soll. Das Wesen der Information ist ein weites Feld. In der Quantentheorie, aber auch in solchen städtebaulichen Prozessen verbergen Informationscluster den Blick und die Antwort auf das Wesentliche solange, bis man sich an die Wurzeln vorgearbeitet hat und diese vielleicht freilegen kann. Darin liegt die Verpflichtung der Verantwortlichen – wertfrei und ohne Verwertungsgedanken, also a priori, die Bedeutung dieses Objektes, dieser Stadt zu erkennen, sonst werden es weiter die tun, die die Stadt bisher schon durch ihre Gebäude zerstörten, denn diejenigen haben den Wert dieser Stadt bereits entdeckt. Allerdings tun sie nichts für die Stadt und nutzen sie nur aus. Je oberflächlicher mit solchen Stadtensembles umgegangen wird, umso deutlicher wird eine negative Beantwortung für die Stadt ausfallen. Die Intention zwischen der ersten Schrift (1) und dem vorliegenden Buch ist deutlicher geworden: Villingen bedarf eines allgemeinen Schutzes, da es sich bei Villingen um Stadtbaukunst handelt. Ich wurde als Schuljunge mit der These Hamms konfrontiert, dass Villingen geplant sei. Die Darstellungen der Denkmalpflege, der Archäologie und der Historiker haben seit Meckseper eine andere Intention, nämlich, dass sich Villingen in mehreren Phasen vom Dorf zur Stadt entwickelt hat bzw. haben soll. Ich hoffe, dass diese Auffassungen und Annahmen, die auch eine bedeutende negative Entwicklung ermöglichten, nunmehr hin zu einer einmaligen Setzung durch einen geistigen Akt für Villingen abgelöst werden, abgelöst werden müssen, denn die gültige, beweisende formale Geometrie spricht dafür, lässt nur diesen Schluss zu. Die Chance muss in einer nachhaltigen Beschränkung für die Gesamtstadt gesehen werden. Egoistische, freiheitliche Ansätze, die nur den Teil, das eigene Grundstück, das eigene Gebäude, die eigene Branche in die Argumentation einfließen lassen, müssen in der Aufklärung eingestehen, dass nur das Ganze, die Kernstadt Villingen, für alle den Rahmen bildet und bildete, der ihnen seit Generationen zugestanden wird. Am Anfang stand jedoch eine Idee, für die jeder Verantwortung trägt. Vergleicht man nochmals in einer Sequenz von rund 300 Jahren, wie sich anhand von sechs Plänen (**B 91–95**) ein geistiges Objekt (geplant) in seiner Form und ein natürliches Objekt (gewachsen) darstellt, so wird deutlich, was die Geometrie für eine Beweiskraft besitzt. Es handelt sich um die ältesten Darstellungen der geplanten-gesetzten Stadt Villingen und des Dorfes Schwenningen, das sich zur Stadt entwickelte. Die Formstabilität von Villingen wird deutlich, ist mit dem Kreuz das entscheidendste Merkmal, und die Wandlung von Schwenningen ist bis 1875 klar erkennbar. Ab 1875 findet auch der Wachstumsprozess in Villingen außerhalb des Ovals statt. Dieser seit 30 Jahren einsetzende Prozess sollte in der Kernstadt von Villingen wieder eingedämmt werden.

Hoffend, dass die Gedanken zur Stadt ebenfalls ein wenig zur Aufklärung beitragen werden, wie dies beim Niederen Tor der Fall war, allerdings jetzt öffentlich.

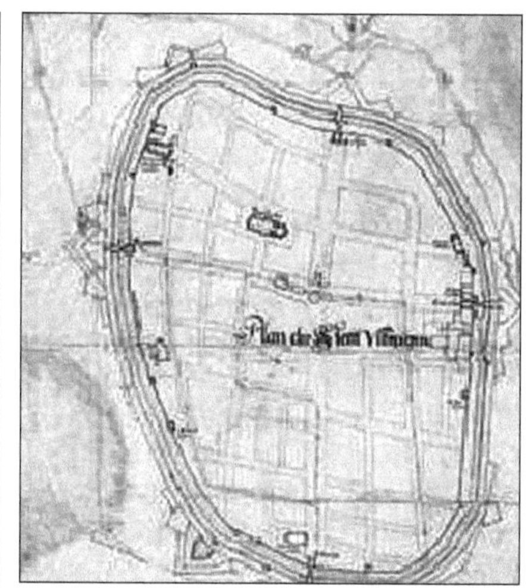

91 Villingen, Gumpscher Plan
Formstabilität 1692? – 2006

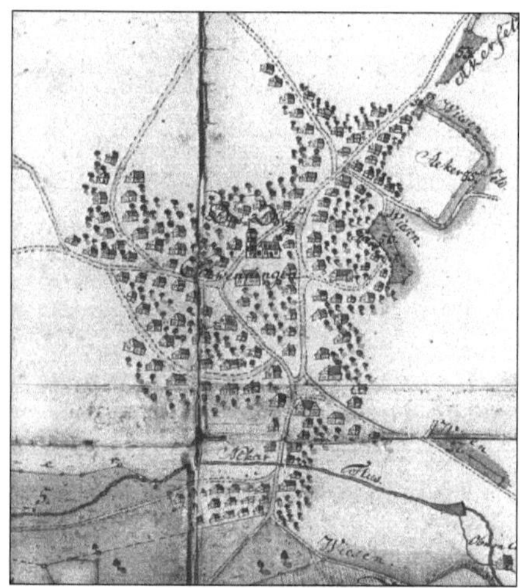

92 Schwenningen, älteste Darstellung

93 Villingen, 1875 Formstabilität

94 Schwenningen,
1875 Wachstum und Planansätze

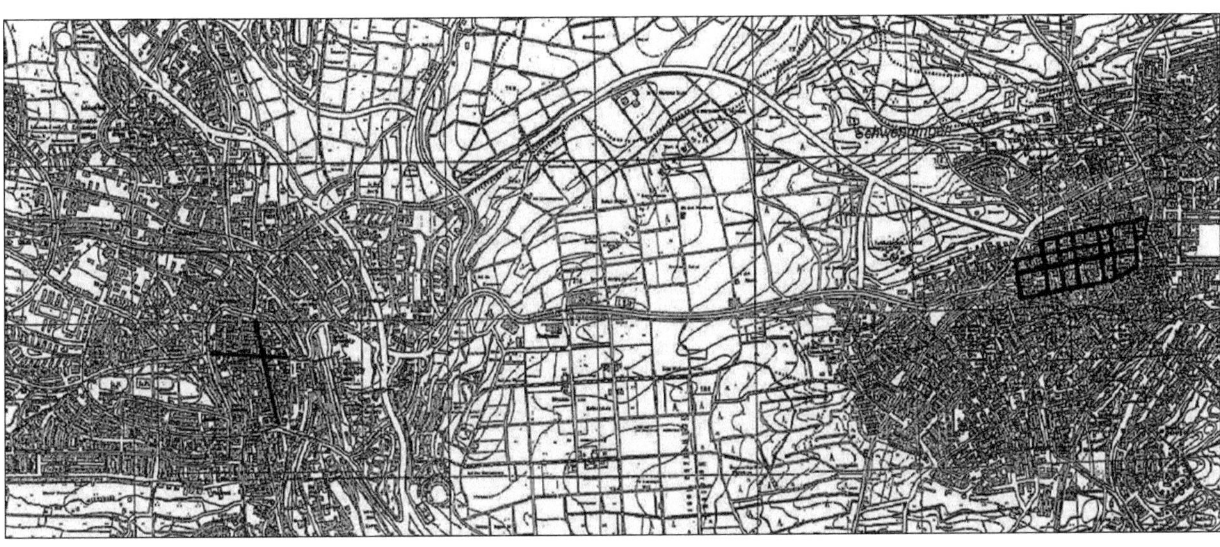

95 Villingen-Schwenningen, ca. 2005
(geplant/gewachsen?)

Schluss

Das Buch hat hoffentlich den Unterschied zwischen einer gedachten und gewachsenen Stadtstruktur aufgezeigt. Dabei wird der Begriff Wachstum im sonstigen Sprachgebrauch immer mit etwas Positivem verbunden. Allerdings gilt es, wie im biologischen Sinn, zu unterscheiden, ob eine Zelle ersetzt oder ob sich diese zu einem Krebsgeschwür ausbildet. Die Zusammenlegungen von Grundstücken in der Kernstadt von Villingen sind Krebsgeschwüre in einer einmaligen Stadtanlage. Die Frage, ob dieser Prozess irgendwann eingedämmt werden kann, wurde pessimistisch beantwortet. Eine andere Frage ist die, ob man anhand der gezeigten Entwicklungsphasen einer Stadt Planung im herkömmlichen Prozess noch braucht. Unter herkömmlich verstehe ich die deduktiven Ansätze, wie zum Beispiel zwischen Villingen und Schwenningen im sogenannten Zentralbereich, die jedoch an den Bedürfnissen der Bürger, aber auch an der ersten baulichen Umsetzung gescheitert sind.

Es wäre Planung denkbar, welche auf einem induktiven Ansatz beruht und deren deduktive Form sich fraktal ergibt. Die sechs Merkmale der gedachten und gewachsenen müssen gemeinsam gedacht und zu einem Punkt geführt und entsprechend begleitet werden, sodass sie sich gegenseitig befruchten. Die Geometrien, die Stadtbildungsprozesse müssen voneinander lernen. Doch dies wäre eine Zukunft im Städtebau, die nur den freiheitlich Gesinnten in erster Linie entsprechen könnte. Andere könnten sich in ein geplantes Stadtesemble einfügen und deren Gesetzmäßigkeiten respektieren.

Die Gegensatzpaare zwischen Freiheit und Ordnung finden gerade in der Architektur und damit im Städtebau immer mehr ihren Ausdruck. Gewachsenen Strukturen hat man seit Bestehen immer eine Unordnung zugewiesen, deren verborgene Ordnung nicht gesehen wurde. Gerade durch die Beweiskraft der fraktalen Geometrie wird es möglich sein, den einzelnen gewachsenen Städten ihre Identität zuzuweisen. Die geplante Stadt hat allerdings einen geistigen deduktiven Ansatz, wobei sich die gewachsene Stadt durch induktive Prozesse nährt.

Ob Villingen die Kraft findet, gegen die städtebaulichen Krebsgeschwüre anzukämpfen, wird die Zukunft zeigen. Viel Zeit allerdings hat sie nicht mehr. Der Freiheitsgrad des Bauens muss auf die Substanz Villingens eingeschränkt werden. Dies bedeutet nicht, dass die Qualität damit eingeschränkt wird, sondern der Baukörper muss den Gesetzmäßigkeiten des Gesamtensembles folgen. Gerade der räumliche Zusammenhang einer euklidischen zu einer fraktalen Ordnung ist bedeutsam und würde Raum lassen für ein eigenes Buch, denn die vielschichtigen durch Vielecke meist auf Lücke bebauten Grundstücke der fraktalen Geometrie lassen bei weitem einen höheren Freiheitsgrad in der Bebauung zu. Die Stadtensembles der gedachten Stadtstrukturen haben Begriffe wie Platz, Achse, Identität, Symmetrie usw. geprägt, die auf die aufgezeigten Merkmale zurückzuführen sind und einen höheren Schutz bedürfen, da sie einen weitaus höheren ästhetischen Charakter bergen.

Dieses Faktum haben die Händler erkannt und es wird von einem Teil von ihnen missbraucht. Der Informationsgehalt dieses Buches über Villingen wird manchem bekannt vorkommen, manche werden die Informationen missbilligen. Auf einer Weltkarte ist Villingen ein Punkt. Ob die Informationen über Villingen auf den Punkt im Sinne Euklids oder eines Wilhelm Buschs zu interpretieren sind, wird sich zeigen. Eines der zentralen Probleme in der Naturwissenschaft ist das Wesen der Information. Ob ein schwarzes Loch Informationen absolut »verarbeitet« oder wieder abstrahlt ist noch offen. Ob man die informellen Eigentümlichkeiten im Interferometer mit der Informationsfrage des schwarzen Loches jemals gemeinsam denken kann, wird sich ebenfalls zeigen.

Ein schwarzes Loch verschluckt die Informationsmenge, die in seiner Nähe ist. Eine Stadt birgt die Informationsmenge, die sich im Laufe der Zeit in ihr sammelte. Manches ist verschüttet und muss wieder entdeckt werden, manches wird überzeichnet verarbeitet. So wie Städte Informationsbehälter sind, die es zu entleeren und zu sichten gilt, so trifft dies natürlich auch auf Länder zu.

Amerika hat eine Geschichte von ca. 250 Jahren. Eine gewissenhafte Aufarbeitung ihrer Information ist natürlich kürzer wie bei einem Land, dass eine größere und längere Geschichte besitzt wie z. B. Ägypten, Irak, Iran etc. Will man der Welt gerecht werden, und Einstein forderte nicht umsonst eine Weltregierung, dann hat die nüchterne und nachhaltige Informationsaufbereitung eine wesentliche und entscheidende Bedeutung. Villingen und Schwenningen könnten ein Zentrum in Theorie und Praxis eines Informationsstandortes werden. Aber nur, wenn man will. Der Schluss markiert ein weites Informationsfeld und Informationspunkte, die, herkömmlich betrachtet, große Differenzen darstellen. Man muss jedoch diese Differenzen minimieren und zusammendenken. Grundlage hierfür ist jedoch, einen Anfang zu finden, der uns einen Weg eröffnet.

> *Ich schwöre, dass ich nach bestem Wissen und Können*
> *mein Amt führen, das Grundgesetz,*
> *die Verfassung und das Recht achten und verteidigen*
> *werde. So wahr mir Gott helfe.*
>
> *Beamten-Eid, Landesbeamtengesetz*

Anspruch

Ob man ein Amt oder ein Hobby führt, kann im Ergebnis dasselbe sein, wenn man denselben Anspruch annimmt. Wer sich allerdings solche Eide ausdenkt und sie von jungen Menschen, ob Männer oder Frauen, schwören lässt, der setzt einen gehörigen Anspruch an die Schwörenden voraus. Wer diesem Eid nachspürt, und zwar so, wie er fixiert ist, was er in sich birgt, dem wird bewusst, dass nur allein das Recht ein sich bildender Informationsdschungel ist, der einem Chaos folgen kann und keiner Ordnung. Der Mensch ist jedoch angelegt, einer Ordnung zu folgen, dies ist der Anspruch, gleichgültig, wie der Anspruch sich darstellt. Der Eindruck besteht, dass gerade die Politik diesen Dschungel weiter verdichtet. Gesetz um Gesetz, Verordnung um Verordnung, Richtlinie um Richtlinie (Finanzen/Bau) werden gefertigt, um sie von anderen ausführen zu lassen. In Diskussionen kristallisiert sich heraus, dass die Politiker dieses Vorschriftenchaos zusammenbasteln, um ihre eigene Selbstberechtigung zu rechtfertigen, und das Chaos vergrößern, um Verantwortung zu minimieren. Reformen mit neuen Begriffen, wo die alten nicht verstanden wurden, wechseln sich im Rhythmus ab. Wenn man diesen Problemstellungen im täglichen Arbeitsleben gegenübersteht, kommt man zwangsläufig an den Punkt, das Ganze zu hinterfragen. Doch dies ist ein kurzes Aufflammen, denn dagegen steht das Grundgesetz. Die Würde des Menschen ist unantastbar, ein unendlicher gesellschaftlicher Anspruch. Doch hat ein Gebäude eine Würde? Hat eine Stadt eine Würde? Sicherlich nicht, aber ein Gebäude oder eine Stadt haben Ausstrahlung, Wirkung, sie bergen Information, die man erhalten muss im Kontext ihres Anfanges, des Beginns der Werdung. Dort liegt der Schlüssel, aber auch im Ende. Hoffen wir, dass Villingen nicht ein wirtschaftlich geprägtes Ende nimmt.

Ich habe einen bitteren Preis bezahlt, die Ordnung, aber auch das Chaos meiner Heimatstadt in allen Facetten ein wenig zu ergründen und ein kleines Stück weit offener und transparenter zu machen. Manch anderer zahlt ebenfalls einen Preis. Die Freien sollten sich überlegen, auf welcher Grundlage sie ihren Beruf gründen und für wen sie arbeiten, wenn sie ihre unverhältnismäßigen Angriffe auf Teile der Gesellschaft wiederholt starten. Sicherlich haben einige resigniert. Andere nicht. Dagegen hat diese Arbeit gezeigt, dass die Menschen in gewachsenen Strukturen ebenfalls chaotisch arbeiten im jetzt ordnenden Aufbau ihrer Stadt, sich chaotische Städte über Jahrhunderte bauen, welche sich in einer fraktalen Geometrie darstellen lassen. Gesellschaftlich ausgedrückt, müsste man der Politik auch einen fraktalen Charakter zuweisen.

Jeder kann den Anfang meiner Gedanken (1) mit diesem kleinen Buch vergleichen, um gegebenenfalls inhaltliche Differenzen festzustellen, sollten gewisse Zweifel aufkommen. Nach John F. Kennedy soll man »etwas tun«. Nun, das vorliegende Büchlein lag in meinem Wissen und Können. Es gibt sicherlich viele, die mehr wissen und können, allerdings habe ich von ihnen über Villingen nichts gehört und nichts gesehen, das die aufgezeigte Problematik und deren Konsequenz darstellte. Manches wurde vielleicht ein wenig überzeichnet, das andere zu wenig dargestellt. Der Anfang von Allem halte ich jedoch für bedeutsam. Ich hoffe, dass die Villinger zu sich kommen und den Wert und die Bedeutung ihrer Stadt erkennen, denn nur die Bürger werden entsprechenden Einfluss haben, im Chaos oder in einer zu schützenden Stadtbaukunst. Mir ist bewusst, weil ich die Villinger kenne, dass man diese Arbeit in erster Linie der Person zuschreibt und damit den Wert mit allen Facetten negieren möchte. Dies wäre jedoch verfänglich nicht nur für die Person, sondern insbesondere auch für Villingen. Die Arbeit öffnet gerade auch den Blick auf etwas Neutrales: auf die Mathematik, deren Bestandteil die Geometrie ist.

Wer die Beweiskraft einer Geometrie in Frage stellt und nicht wahrnehmen will und der Entwicklung ihren Lauf lässt, wird entscheidende Verantwortung tragen für ein sich auflösendes städtebauliches Kulturerbe. Als Einzelner stößt man natürlich auch an gewisse Grenzen. Jetzt sind die Bürger gefragt, was sie wollen. Kulturerbe oder Zerstörung! Die Physik ist eine der genauesten Wissenschaften. Das Große, repräsentiert im Ganzen, dem Universum, wird durch die allgemeine Relativitätstheorie beschrieben. Das Kleine, der Teil, wird durch die Quantenmechanik skizziert. Die Menschen, auch viele Bürger dieser Stadt, sind noch dem Absoluten eines Newtons verbunden, wenn sie Wahrheit und Gerechtigkeit im Prozess des Miteinanders wiederfinden wollen. Dabei ist gerade die Quantenmechanik eine Wissenschaft der Wahrscheinlichkeit, die somit eher mit unserem Gesellschaftssystem der Demokratie in Verbindung zu bringen ist.

Die Arbeit beruht auf einer Untersuchung, die sich der Wahrscheinlichkeit bedient hat. Hätte man alle Dorf- und Stadtstrukturen in der Bundesrepublik untersucht, wäre man zum gleichen Ergebnis gekommen, allerdings, und dies ist wahrscheinlich, mit einem noch höheren Verhältnis an Aussagekraft. Wird der in der Stadt Villingen vorhandene Prozess nicht unterbrochen, dann wird diese Stadt, und das ist absolut sicher, immer weiter zerstört und dies schleichend, sodass es nur wenigen bewusst wird. Die vorliegende Arbeit beschränkte sich auf die Untersuchung des Grundrisses und dessen Auswirkung im Bild und einer Idee, die man heute noch im Kreuzraum ablesen kann. Drei Architekten, Hamm, Humpert und Hettich, weisen dieser Stadt einen planerischen Akt zu. Dagegen stehen die bekannten Aussagen und die dargestellten Konsequenzen aus der Sicht der Archäologie, der Denkmalpflege und der Historiker. Casimir Bumiller schreibt in seiner Einführung zu Menschen, Mächte, Märkte (vergl. 3): »...es existiert keine vollständige Grabung, sodass nur vorläufige Aussagen über die Gestalt unserer Dörfer vor 1000 Jahren möglich sind.« Will man den ganzen Informationsgehalt dieser Aussage erfassen, verweise ich nochmals auf meine Ausführungen zum Denkmalschutz. Die Gestalt der gewachsenen Stadt unterliegt jedoch einer Ordnung, die anhand einer formalen fraktalen Geometrie abgeleitet werden kann.

Im Ordnungsempfinden unterlagen die Städtebauer und Archäologen der Vorstellung, dass man im Kontext des Chaos' eine solche Ordnung nicht entdecken könne. Durch die vorgelegte Darstellung ist jedoch klar und an den sechs gezeigten Merkmalen ablesbar, dass eine Ordnung im gewachsenen System vorhanden ist, ja dass man diese Ordnung der bekannten gedachten Ordnung als beweisenden Faktor gegenüberstellen kann, um das eine vom anderen zu trennen. Eine gerechte, eine objektive Betrachtung von Villingen könnte nur gelingen, wenn die verschiedenen Disziplinen und Kräfte zu einer Gesamtbetrachtung kämen. Archäologie, Denkmalpflege, Historie, Stadtplanung, Architektur, Kunst, Politik, Handel und Grundstückseigentümer sind die wesentlichen gesellschaftlichen Kräfte, die die Stadt bisher gestaltet haben.

Seit 30 Jahren findet jedoch ein Prozess statt, der in seiner egoistisch-machtstrukturellen Eigenart die Stadt in ihrem formalen wirtschaftlichen Kontext krebsartig und induktiv überwuchert. Diesen Prozess einzudämmen, wäre eine Aufgabe, die bei nachhaltiger Betrachtung eine weitaus größere wirtschaftliche und profitable Nutzung dieser Stadt ermöglichen würde. Man müsste sich allerdings finden – und dies wäre die eigentliche Aufgabe. Im Bild 96 sehen Sie einen Teil der Abbrüche, die seit den fünfziger Jahren des letzten Jahrhunderts in Villingen durchgeführt wurden. Jeder kann die Ersatzgebäude, besonders im Gerberviertel, begutachten und sich ein Bild machen und beurteilen, was im Vergleich zur ursprünglichen Struktur Kulturerbe ist und was man schützen muss, will man Villingen in seiner Ordnung erhalten. Jeder kann sich anhand des Planes flächenhaft ausrechnen, wie lange es dauert, bis sich die bauliche Substanz gegenüber der tausendjährigen Geschichte neuzeitlich ganz – und zwar wirtschaftlich – gewandelt hat.

96 Abbrüche und Ersatz
Erneuerungsfläche in rund 50 Jahren
Blockbildung vergl. Bauqualität

Die letzten 50 Jahre waren kein städtebauliches Ruhmesblatt, bis auf wenige Ausnahmen, für die Villinger Bautätigen. Man kann nur hoffen, dass die unvermeintlichen zukünftigen Bauwandlungen zu einem positiven, baukulturell hochwertigen Ergebnis führen, der bisherige Prozess gestoppt wird und die baukünstlerische Qualität erhalten bleibt. Meinungen sind nur so viel wert wie ihre Begründung. Begründungen führen einerseits zu einer Annahme ähnlich einer Stammtischparole, einer These oder einer Theorie. Die gezeigten geometrischen Darstellungen anhand der 25 Orte aus dem Jahre 817 im Vergleich zu den nachweislich geplanten Orten und Städten bilden die Grundlage und das Fundament für eine wissenschaftlich fundierte Theorie, die dem Wachstum der Städte eine fraktale und der geplanten Stadt eine euklidische Geometrie zuweist. Villingen ist eine in ihren wesentlichen Teilen geplante Stadt des Mittelalters und damit Stadtbaukunst aufgrund einer baukünstlerischen und wissenschaftlichen Betrachtung.

Anhang

Hinweis

Auf Anfrage bin ich gerne bereit, Interessierten bei einem Stadtrundgang die Kernstadt Villingens mit all ihren Facetten zu zeigen und plastisch zu erläutern.

Stadtrundgang samstags ab 14.00 Uhr
Mindestens 4, maximal 10 Personen

Anmeldung unter 07721/3967, Thomas Hettich

Gedanken und Hinweise können auch an Thomas Hettich,
Bleichestraße 27, 78050 Villingen-Schwenningen, Germany
mitgeteilt werden.

www.Thomas-Hettich.de

Dieses kleine Werk wurde unter der Prämisse gefertigt, dass die Qualität der Idee und des Inhaltes über der Qualität der Ausführung (Skizzen, Bilder) steht. Mir ist bewusst, dass man mit Zeichnungen statt mit Ideenskizzen die Informationen noch eingängiger hätte gestalten können. Dafür bedarf es aber einer gehörigen Portion an Zeit und Geld. Die Beweiskette aus dem Jahre 817 über das Jahr 999 zu den dargestellten unterschiedlichen 26 Ortsgeometrien ist ein städtebaulicher Beweis, dass Villingen zumindest im südlichen Bereich (Krawazi und Riet) geplant worden sein muss. Dies ist auch aus Skizzen ableitbar. Das Weitere wurde dargestellt. Die Stadtstrukturen werden als äußere Form gepunktet, die Hauptstraßen als Strich und die Nebenstraßen gestrichelt ausgeführt. Eine Veröffentlichung der Originalpläne war mir leider finanziell nicht möglich. Der Buchpreis wäre mit den Originalplänen weitaus teurer geworden, weil Urheberrechte hätten befriedigt werden müssen. Dies trifft auch für eine farbige Gestaltung zu.

Ziel

1.) Die Geometrie gründet im Raum und dieser im Punkt, wenn es einen Anfang gegeben hat. Die vorliegende Arbeit hat sich im Wesentlichen auf den geometrischen Grundriss von Städten, also auf die von Menschen in Besitz genommenen Flächen bezogen, die es zu erkennen gilt. Gerade die Auswirkung der wesentlichen sechs Merkmale der verschiedenen Geometrien, auf den städtischen Raum würde einen umfassenden Forschungsansatz bergen. Welche Perspektiven (Hadid, Gehry) sind heute in der Architektur »modern« und wie kann man sie einer der Geometrien zuordnen? Was wurde intuitiv, »aus sich heraus«, gebaut und führt zu einer geometrischen Form? Dieses und vieles mehr könnte noch untersucht werden. Ich werde mich einem Phänomen widmen, welches in den Jahrhunderten in verschiedenen Interpretationen der Kulturen auftauchte. Vergleicht man eine ägyptische Pyramide mit einem griechischen Tempel oder eine romanische Kathedrale mit einer gotischen, dann fällt auf, dass sich die Materie, der Baustoff, künstlerisch auflöst oder verdichtet. Dieses von Menschen gebildete Zeugnis der verschiedenen geschaffenen Formen wird meine nächste Arbeit sein, wobei ich zwar den Anfang kenne, aber nicht das Ende. Dieses Zeugnis des menschlichen Schaffens ist am Villinger Münster **(B97)** eindrucksvoll dargestellt anhand der sich gegenüberstehender Türme. Ob die Baumeister bewusst oder unbewusst ihr Werk, ihre Form schaffen, wäre eine Frage, die jedoch nur schwer und umfassend zu beantworten wäre. Der Anfang meiner eigentlichen Suche findet sich in meinem ersten kleinen Werk »Der Urton vor dem Urknall«, in dem ich auch Villingen erwähnte und weiter beobachtend wirke. Wohin mein Ziel führt ist offen.

2.) In der Diskussion um das Villinger Zentrum habe ich ein vertikales Wegekreuz **(B98)** vorgeschlagen, um den vorhandenen horizontalen Kreuzraum zu kennzeichnen. In der Kunstszene werden gewaltige Sum-

men für auf Zeit beschränkte Kunst ausgegeben. Hier hätte ein für eine einmalige Kennzeichnung offener Mäzen die Chance, einer 1200-jährigen Stadt ihrer Namensnennung eine einmalige Identität zu geben. Jeder Entscheidungsort könnte sich dagegen nicht verschließen.

Diese Ziel ist weiter offen, aber es besteht immer noch Hoffnung.

Dank

Durch die geschichtliche Aufarbeitung von Teilbereichen der Stadt Villingen kam ich zu der doch sehr umfassenden Problemstellung der Gesamtanlage der Stadt Villingen. Die Idee für eine Lösung ergab sich durch die zahlreichen Begehungen der Stadt. Dank schulde ich all denen, die meine erste Fassung dieser Arbeit lasen und mir zahlreiche Hinweise gaben, die mir hilfreich waren: Regina H.; Jürgen L.; Eberhard Z.; Günter O.; Nora L.; Dirk B.; Ursula S; Siegfried K.; Norbert S.; Walter H.; Wolfram W.; Helmut O.; H. Haller und Herbert S.

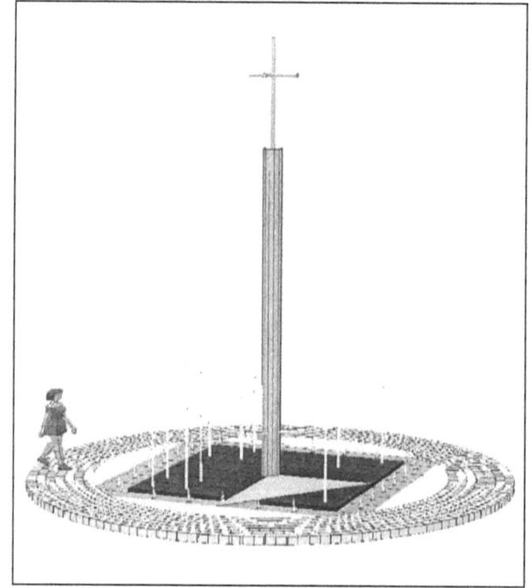

98

Zitate

(1) Thomas Hettich, »Die Chance des Niederen Tor«,
Stadtarchiv Abteilung 5 Bestand 22
Signaturangabe: SAVS, 5.22., VS 64

(2) Bertram Jenisch, Dissertation,
Villingen – Archäologisch historische Aspekte der Stadtentwicklung
im Vergleich mit anderen »Zähringer-Gründungsstädten«. Seite 317

(3) Monika Spicker-Beck, Menschen, Mächte, Märkte,
Schwaben vor 1000 Jahren und das Villinger Marktrecht,
Seite 86–87

(4) Jürgen Treffeisen (J.T.), Die Zähringer II,
Städte mit Zähringertradition, Die Legende vom Zähringerkreuz

(5) Herrmann Preiser, Geschichts- und Heimatverein Villingen,
Jahresheft III/1977, Seite 29

(6) Landesdenkmalamt Baden-Württemberg
Ortskernatlas Baden-Württemberg, Seite 10

(7) Cord Meckseper,
Untersuchungen zur Stadtbaugeschichte im Hochmittelalter, 1969,
Seite 269

(8) Klaus Humpert/Martin Schenk
Entdeckung der mittelalterlichen Stadtplanung, Seite 78–93, Seite 55

(9) Günter Schöfl, Minimalnetze, arcus 1986, Seite 84

(10) Barbara Zibell, Chaos als Ordnungsprinzip im Städtebau

Literatur

- Leonardo Benevolo, Die Geschichte der Stadt
- Ernst Schirmacher, Stadtvorstellungen
- Günther L. Eckert, Die Röhre, Eine Architektur für denkbare Zeiten
- Liselotte Ungers, Die Suche nach einer neuen Wohnform
- Jan Gympel, Geschichte der Architektur, Von der Antike bis heute
- Eda Schaur, Formen und Veränderungsprozesse ungeplanter Siedlungen (Aufsatz)
- Günther Schöfl, Minimalnetze (Aufsatz)
- Dieter Hoffmann-Axthelm, Hundert Jahre Stadterweiterung (Aufsatz)
- Viadrina, Alte Städte und neue Residenzen (Aufsatz)
- 2.rz.hu-berlin, Grundriss und Aufriss der europäischen Stadt im Verlauf der Geschichte von den Anfängen bis zur Stadt des 20. Jahrhunderts (Aufsatz)

– Vittorio Magnago Lampugnani, Das Modell der Stadt – Bausteine zu einer Ideengeschichte des Städtebaus 1750-1990 in Europa und den USA (Aufsatz)
– Max Bächer, Zerstören und Aufrichten (Aufsatz)
– Henner Herrmanns, Architekturästhetik (Aufsatz)
– Florian Rötzer, Wissenschaft und Ästhetik (Aufsatz)
– Jochen Schulz zur Wiesch, Stadtentwicklung zwischen Urbanisierung und Entstädterung (Aufsatz)
– Heinrich Klotz, Architektur des 20. Jahrhunderts, Deutsches Architekturmuseum
– György Doczi, Die Kraft der Grenzen
– Vittorio Magnago Lampugnani, Architektur und Städtebau des 20. Jahrhunderts
– Stadt Villingen-Schwenningen, Die Zähringerstädte
– Karl Schmid, Die Zähringer I, Eine Tradition und ihre Erforschung
– Hans Schadek und Karl Schmid, Die Zähringer, Anstoß und Wirkung
– Hans Maier, Die Flurnamen der Stadt Villingen
– Heiner Flaig, Villingen Zeitgeschehen in Bildern
– Werner Jörres – Herbert Schroff, Erinnerungen an eine alte Stadt
– Geschichts- und Heimatverein Villingen, Jahresheft XVI 1991/1992
– Stadt Villingen-Schwenningen, Hafnerkunst in Villingen Bestandskatalog I
– Paul Revellio, Geschichte der Stadt Villingen in Daten
– Ekko Flick, Ergebnisbericht über vorbereitende Untersuchungen im Sanierungsgebiet »Niederes Tor«.
– Irmgard Schnell, Das Villinger Nägelinskruzifix
– Georg Berger, Baden-Württemberg, Schatzkammer der Geschichte
– Juliana Ernstin, Denkbüchlein von allerlei Sachen 1594–1633
– Vitruv, Baukunst Band I + II
– D'Arcy Thompson, Über Wachstum und Form
– Wolfgang Bauer, Irmtraud Dümotz, Sergius Golowin, Lexikon der Symbole
– James Gleick, Chaos – die Ordnung des Universums
– Erwin Schrödinger, Was ist ein Naturgesetz?
– Die Bibel, Vom Anfang
– Werner Heisenberg, Der Teil und das Ganze
– Thomas Hettich, Der Urton vor dem Urknall
– Thomas Hettich, Das Villinger Wegekreuz

Man schaut sein kleines Werk noch mal durch und stellt fest, dass nicht alles behandelt wurde, nicht alles behandelt werden konnte. Die Skizzen nicht den üblichen Schwarzplänen entsprechen, nicht entsprechen sollen, denn eine Nichteindeutigkeit soll die Wahrscheinlichkeit darstellen. War dies ein Fehler oder wird es vom Leser so erkannt? Warum keine Farbpläne? Warum keine Originalpläne? Es gibt zu jeder Frage eine Antwort. Auch zu anderen Fragen, die beantwortet werden sollten. Warum gibt es zwei Straßenprofile in der Fußgängerzone? Warum dienen die modernen Leuchten nicht dem Stadtbild, sondern nur sich selber, wenn sie sich vorwiegend selber anleuchten? Warum sind die Bächle als gekrümmte Wiesenbäche ausgebildet, obwohl die Niedere Straße im orthogonalen Feld des südlichen Bereiches der Stadt gerade ist? Warum gibt es Hausversprünge, wo es keine geben dürfte? Solche Fragen hätte man versuchen können zu beantworten und viele mehr wie z.B. die räumliche Konsequenz einer euklidischen zu einer fraktalen Stadtstruktur steht oder wie die Topografie auf die beiden Geometrien wirkt? Solche Fragestellungen bedingen jedoch auch eine Zeitfrage. Zeit allerdings hat diese Stadt nicht mehr viel und damit auch die Veröffentlichung dieser Schrift, weil sie aufmerksam machen möchte auf das kulturelle Stadtbauerbe, das schleichend vor der Zerstörung sich nur mäßig aufbäumt. Bei dem neuesten Konglomerat verschiedenster Baufügungen in der Hafnergasse erschrickt man und denkt an Se(a)tzungen. In der Bärengasse erkennt man das Bemühen, aber die Proportion der Satteldachgaupe wurde nicht planerisch geprüft.

Allerdings findet man in der Rathausgasse und in der Zinsergasse Objekte, die Hoffnung erkennen lassen. Keine Anbiederung an das Alte. Rekonstruktionen, die sinnvoll sind. Neues stellt sich selbstbewusst, aber zurückhaltend zum Bestehenden. Dies lässt hoffen. Hier kann man ablesen und sehen, was mit alter Substanz möglich ist bzw. andernorts in der Stadt möglich gewesen wäre.

Eine Frage wird lauten! Warum macht er es nicht besser? Stimmt! Die praktischen Versuche sind in der Stadt ablesbar und zu beurteilen, wobei auch eine bauliche Verbesserung mit dem zur Verfügungstellen von Baugeldern einhergeht. Die vorgelegte theoretische Abhandlung wird eine Ergänzung des städtebaulichen Fundus sein. Ob die Stadtbildpflege der Kernstadt durch den Inhalt dieses Buches inhaltlich und quantitativ allerdings anders eingeschätzt wird, wird die Zeit aufzeigen.

Hoffend, dass die einsetzenden positiven Impulse im Riet, die krebsartigen Wirtschaftsbaumassen wie im unteren Gerberviertel zum Stillstand bringen und endlich dieser Stadt nicht nur der ursprünglichen triebhaften und zeitlich beschränkten Aufmerksamkeit gedacht wird. Die Fasnet in Villingen hat einen hohen kulturellen Wert. Wenn man sich allerdings auch aus einem baukulturellen und nicht nur über den wirtschaftlichen Aspekt dieser Stadt nähert, dann wird man ein kulturelles und geistiges Bauerbe finden. Ein Stadtkulturerbe allerhöchster Güte, nachgewiesen im sich darstellenden Stadtgrundriss, wobei der räumliche Zusammenhang noch untersucht werden kann, den Umfang und die Absicht dieses Werkes aber sprengen würde.

In diesem Sinne wünsche ich dieser Stadt das, was ihr gebührt. Luiggi Snozzi fordert eingangs die Auseinandersetzung mit der Form, da man in ihr den Menschen findet. Manche finden IHN im Quadrat, andere im Kreis, wieder andere im Dekonstruieren, in der Freiheit, dem Recht, der Philosophie, der Macht, der Religion etc. In Villingen kann man den Menschen im Kreuz finden. Im einmaligen christlichen Kreuzraum, einem übergeordneten Zeichen. Es stellt sich nur die Frage, wie lange noch die besondere vielfältige Imagination von diesem Raum ausgeht. Die Kennzeichnung durch ein vertikales Kreuz würde nicht nur auf das Gedankengut unserer Religion hinweisen, sondern durch die Form wäre ein Verweis auf das Große und das Kleine in der Naturwissenschaft verwiesen, wodurch Gemeinsamkeiten zwischen der Theologie und dem Glauben und der Naturwissenschaft und dem Wissen gegeben wären. Aber dies wäre wie vieles vorerst nur denkbar.

Wie viele Städte und Dörfer es auf der Erde gibt, weiß ich nicht. Ich weiß auch nicht, wie viele Bilder es gibt. Aber es gibt eine Mona Lisa. Man verpflanzt in dieses Kunstwerk kein Glasauge, restauriert sie auch nicht mit Patchworks,

Zur Person

Name:	*Thomas Hettich*
Beruf:	*Architekt*
	Dipl.-Ing. (FH)
	Vertiefung Städtebau
	Stadtbauamtsrat
	Zimmermann
Wettbewerbe:	*Teilnahme an zahlreichen Wettbewerben als Einzelperson*
	*1 * 4. Preis*
	*1 * 1 Ankauf*
Veröffentlichung:	*Der Urton vor dem Urknall (International)*
	Das Villinger Wegekreuz (Kommunal)
Hobby:	*Swing*
	Kochen
	Lesen
	(Naturwissenschaft)

indem, Nase und Mund als Ganzes ersetzt werden. Man setzt ihr auch keine Geldmaske auf. Villingen ist eine Mona Lisa des Städtebaus des Mittelalters, ein einmaliges Konstrukt, das man im Kontext der historischen Daten und der sich zeigenden Gesamtform sehen muss, auch mit einem christlichen Blick. Die wirtschaftlich Mächtigen haben dies schon lange unbewusst erkannt und gestalten diese Stadt nach ihren Interessen, ohne Architektur, sondern nur so, dass sich aus der einmaligen Vielfalt ein einfältig Vieles, wirtschaftlich geprägtes Bauliches ergibt.

Leider wird diese Stadt nach diesem Umbau nicht mehr die sein, die sie einmal war. Es gilt, diesen Prozess zu stoppen, ähnlich einem Tanker, der in der wirtschaftlichen Dünung des unverhältnismäßigen Profites und des Egoismus' abzubremsen ist und eine Gesamtbildwelle und Frequenz erkennen lässt, welche einem Instrument gleichzusetzen sind, das man wahrnimmt. Die Resonanz eines Instrumentes kann nur wirken, wenn es richtig gestimmt ist. Jede Verstimmung führt zur Unbrauchbarkeit des Komponistenwerkes. Villingen wird immer mehr verstimmt im Bild der Stadt, im Ton der Wirkung. Improvisationen wären zulässig wie in jedem Jazzstück, aber auch in jeder klassischen Aufführung, allerdings auf einer vorgegebenen, einzuhaltenden Struktur. Ich glaube, sagen zu können, dass ich mich ein wenig im Städtebau, in der Stadtplanung, in der Architektur, ein wenig in der Musik, im Kochen und ein wenig in der Physik und in der Philosophie auskenne und manchmal auch meine Positionen, wie in diesem Buch geschehen, begründen kann. Wenn man allerdings im Konzert sitzt und hört die Großen im Spiel, welches individuelle Bewusstsein sie vermitteln, wenn die Großen der Architektur ihre Werke darstellen und welcher begründende Inhalt dahinter zu suchen ist, dann kommt man unweigerlich zur Erkenntnis, dass Villingen einen solchen benötigt, um den dargestellten Prozess abzubremsen. Carlos Scarpa war ein großer Meister der Verbindung zwischen Alt und Neu. Ein Italiener. Vielleicht gelingt es, das Flair einer italienischen Stadt in Villingen auch handwerklich zu implementieren. In diesen südlichen Städten kann man sehen, wie selbstbewusst sich das Neue zum Alten stellt und dieses meist qualitätsvoller ergänzt. Würde man eine Stadt als Familie betrachten, dann respektiert die italienische Stadt das Alte, hat vor ihm Achtung, bindet es in den natürlichen Prozess mit ein und wird durch die Familie unterstützt. Die italienische Familie ist aber immer die formale Struktur, die geachtet wird. Dies könnte ein Ansatz sein, wie zukünftig mit Villingen umgegangen wird.

Dieses Werk ist Theorie aus einer beobachteten Praxis. Wann es wirkt, ist ungewiss. Dass es irgendwann wirken wird, ist gewiss. Es kommt nur darauf an, welchen Impuls es hat und welche Kraft es entwickeln wird. Zwei wesentliche Darstellungen werden, von dem ich überzeugt bin, ihre Ein- und Nachdrücklichkeit im Laufe der Zeit bewahrheiten, gegenüber der seit rund 40 Jahren geführten Diskussion der Archäologen, Denkmalpfleger und Historiker. Villingen war kein Dorf. Es hat sich nicht vom Dorf zur Stadt entwickelt wie Schwenningen, sondern Villingen im Brigachknie war immer Stadt, nachgewiesen in der sich darstellenden euklidischen und im Vergleich zur fraktalen formalen Geometrie der genannten verglichenen Dörfer erstmalig erwähnt in der Urkunde von 817. Diejenigen, die Hamms Plantheorie durch die Dorftheorie abgelöst haben, sind mitverantwortlich an der baulichen Zerstörung dieser einmaligen Stadt, denn Dörfer und daraus entwickelte Städte gibt es viele, geplante Städte wie Villingen nur sehr wenige. Das andere Zeichen dieser Schrift ist die bauliche Konsequenz der Parzellenzusammenlegung. Die sich darstellenden Baumassen auf den zusammengelegten Grundstücken werden das Flair dieser Stadt immer mehr negativ beeinflussen. Auch wenn der Prophet im Dorf nichts gilt, diese beiden Darstellungen werden neben den sonstigen Überlegungen, diesen überdauern, denn die beweisende Kraft der Geometrien wird dafür sorgen.

Prof. Dr.-Ing. Franz Pesch verwendet zu Beginn dieses Werkes den Begriff der europäischen Stadt. Villingen gehört in diese Zuordnung, besonders dann, wenn man Ihre Geschichte betrachtet, die in die ottonische Zeit reicht und in der ihr Anfang zu suchen ist. Allerdings sind die europäischen Städte in der Regel gewachsenen Ursprungs. Villingen ist, wie gezeigt, geplant und damit Stadtbaukunst mit europäischem Anspruch.

Bildnachweis

Titel	Gumpscher Plan H-BS-I V / 6 Vorlage und Aufnahme: Generallandesarchiv Baden-Württemberg
Bild 1	Reichstagsgebäude Westportal Deutscher Bundestag PZ 1
Bild 2	Hotel Blume-Post Fotonachweis Herbert Schroff
Bild 3	Ersatzgebäude Hotel Blume-Post Fotonachweis Thomas Hettich
Bilder	4–5, Grundriss Villingen Sitzungsdrucksache 1311 vom 14. 4. 1992 in Verbindung mit dem Urheberrechtsgesetz
Bilder	6–7, siehe Bild 4
Bild 8	Idealplan der Zähringerstädte nach Hamm Nachbildung Thomas Hettich
Bild 9	siehe Bild 4 in Verbindung mit »Entdeckung der mittelalterlichen Stadtplanung« Seite 79 und Seite 80 (8)
Bild 10	Mammutbaum Fotonachweis Edgar Riehle
Bild 11	Minimalnetze Nachbildung Thomas Hettich
Bild 12	Bifurkationsdiagramm Nachbildung Thomas Hettich
Bild 13	Brennende Zigarette Nachbildung Thomas Hettich
Bilder	14–46 Stadtgrundrisse, Nachbildung Thomas Hettich
Bild 47	siehe Titel
Bild 48	Stadtgrundriss Martin Blessing Stadtarchiv Villingen-Schwenningen
Bilder	49–50, 51, 53–54, 56–63, 66, 68–69 siehe Bild 4 mit Ergänzungen durch den Verfasser
Bild 52	Kreuzigung von Münchenwiler, Anfang 12. Jh. Kalkstein Herkunft ehemaliges Kluiazenser-Priorat von Münchenwiler (Kanton Bern) Museum für Kunst und Geschichte, Freiburg, Inv. 7556
Bild 55	siehe Titel mit Ergänzungen durch den Verfasser
Bilder	61.1–61,4, 62, 64, 67, 68.1–68.2, 70–70.1, 71, 72.1, 73–87 Fotonachweis Thomas Hettich
Bilder	65, 65.1, 68.3, 71.1, 72, 73.1, 74.1, 75.1, 76.1, 76.2 Historischer Fotonachweis Herbert Schroff
Bilder	88–90 Platzgestaltung, Nachbearbeitung Thomas Hettich
Bild 91	Auszug Gumpscher Plan
Bild 92	Darstellung Villingen
Bilder	93–94, 1875
Bild 95	Stadtplanauszug
Bild 96	Abbrüche und Wandlungen
Bild 97	Münstertürme
Bild 98	Wegekreuz